위대한 꼰대가 알려주는
MZ 직장 생존법

위대한 꼰대가 알려주는

MZ 직장 생존법

최재혁 지음

글로벌콘텐츠

회사를 떠나고 싶던 날, 위대한 꼰대를 만나다

찬 바람 부는 어느 가을날, 점심을 먹고 회사 근처 커피숍에 앉아 있었다. 주변을 둘러보니 양복을 입은 사람들이 바삐 지나가고, 그들과 나의 피곤한 얼굴이 겹쳐 보였다. 앉아 있는 사람들은 모두 무언가에 지쳐 잠시 숨을 고르는 듯했다. 나 역시 마찬가지였다. 무의미하게 시간을 보내고 있다는 생각이 들어, 자연스레 다이어리를 꺼냈다. 그곳엔 상사와 선배들의 끝없는 요구와 지시로 가득 차 있었다. 하지만 정작 내가 무엇을 해야 할지, 어떤 목표를 가지고 일을 해야 하는지는 막연했다.

매일 똑같은 하루가 반복되고 있었다. 상사에게 그날의 일정을 보고하고, 부서 목표에 맞는 나의 역할을 점검해야 한다. 주간 보고, 월간 보고, 정기 미팅까지… 이 끝도 없는 보고의 굴레가 나를 서서히 잠식해 가는 느낌이었다. 내가 하고 있는 일이 정말 의미 있는지, 이 일을 왜 계속해야 하는지에 대한 의문이 꼬리에 꼬리를 물었다. 오늘 하루가 끝나면 또다시 똑같은 내일이 시작되고, 이번 달이 끝나면 반복되는 다음 달이 찾아올 것이다. 도대체 언제까지 이런 일을 해야 할까? 회사를 그만두는 것이 답일까? 이러한 고민은 몇 달째 이어졌다.

　처음엔 열정이 넘쳤다. 하지만 시간이 흐를수록 열정과 성과는 비례하지 않았고, 나의 의욕은 점점 사라져갔다. 상사와 선배들의 말이 귀에 들어오지 않았고, 그들과의 대화조차 피하고 싶어졌다. 사람들을 만나고 고객을 대하는 일이 두렵기까지 했다. 이런 나 자신을 바라보며, 내가 정말 이 일을 계속해야 하는지 혼란스러웠다. 마지못해 시간을 때우는 듯 유튜브를 켜고, 자극적이고 재미있는 영상들을 보며 잠시 위안을 삼았다. 같은 영상을 반복해서 보며 허탈한 웃음을 짓기도 했다.

　가방 속에 있는 자기계발서를 꺼내 들었지만, 몇 장 넘기다 보면 금세 흥미를 잃었다. 책을 읽는 것도 이제는 남들에게 보여주기 위한 행위처럼 느껴졌다. 아무리 많은 책을 읽어도 회사에서 성과로 이어지지 않았고, 그러한 현실이 나를 더 우울하게 만들었다. 결국 핸드폰을 만지작거리며 유튜브 속으로 빠져들기만 했다.

　그러던 어느 날, 유튜브를 무심코 넘기던 중 양복을 입은 한 사람에게 시선이 멈췄다. 당당하게 걷는 그 사람의 모습에서 눈을 뗄 수가 없었다. 의자에 앉아 상대방과 대화를 나누는 그의 편안한 미소, 배려심이 묻어나는 손짓까지… 모든 것이 자연스럽고 여유로워 보였다. 그 사람은 분명히 행복해 보였다. 깔끔하게 정돈된 양복, 자신감 넘치는 표정… 그 모습을 보고 있자니 잠시 전까지만 해도 우울하고 답답했던 커피숍이 갑자기 따스한 햇살이 드리워진 밝은 공간으로 바뀌는 듯했다.

　그 사람은 바로 '위대한 꼰대'였다. 나와 같은 고독한 사회인에게 조언을 전하는 사람, 그는 단순한 꼰대가 아니었다. '꼰대'라는 단어가 주는 부정적인 이미지와는 달리, 그가 전하는 말은 진심이 느껴졌다. 자신의 삶을 살아가면서 겪은 다양한 경험과 회사 생활에 대한 깊은 통찰을 진지하게 나누는 그에게 나도 모르게 빠져들었다.

그가 전하는 메시지는 명확했다. "지금 당신이 느끼는 고독과 지침은 누구나 겪는 과정일 뿐이다. 중요한 건 그 속에서 내가 어떤 사람으로 성장할 것인가를 고민하는 것이다." 그의 영상 속에서 직장 생활에 대한 다양한 시각과 조언, 사람을 대하는 태도, 그리고 내가 어떻게 살아야 할지에 대한 진지한 이야기들이 펼쳐졌다. 단순한 조언이 아닌, 실질적으로 내 삶에 적용할 수 있는 이야기들… 내 마음속 깊은 곳을 울리는 그의 진심 어린 조언은 나를 다시 일으켜 세우는 힘이 되었다.

그의 이야기를 들으며 가슴이 두근거리기 시작했다. 마치 오래 잊고 있었던 무언가가 깨어나는 기분이었다. 나는 도대체 왜 이렇게 의욕을 잃었을까? 다시 도전할 수 있는 힘이 내 안에 있을 텐데, 왜 그걸 잊고 있었을까? 그의 이야기는 내게 이런 질문들을 던지게 만들었다. 그리고 나는 깨달았다. 나도 변화할 수 있다는 사실을, 내가 그동안 느꼈던 무력감과 지침이 영원히 지속되는 것이 아니라는 것을!

나 자신에게 솔직해지기로 결심했다. 지금 당장은 지치고 힘들지만, 그렇다고 해서 이대로 포기할 수는 없었다. 그의 이야기를 듣고 난 후, 나는 단 한 가지 결심을 했다. 꼭 이 '위대한 꼰대'를 만나러 가겠다는 것. 그가 어떻게 회사 생활을 이겨냈고, 어떻게 자신만의 길을 찾아갔는지 더 알고 싶어졌다. 그가 전해주는 진심 어린 조언들이 나의 삶에 어떤 변화를 가져올지, 직접 확인하고 싶었다.

위대한 꼰대의 이야기는 나처럼 방황하는 이들에게 큰 울림을 준다. 직장 생활에 지치고, 방향을 잃은 당신도 이 책을 읽으면서 답을 찾을 수 있을 것이다. 내가 느꼈던 그 두근거림과 다시 도전하고 싶은 마음을 당신도 느끼게 될 것이다. '위대한 꼰대'는 단순한 조언자가 아니라, 우리에게 진짜 인생의 방향을 제시해 줄 수 있는 사람이다.

성공을 위한 위대한 조언, 사회 초년생에게 보내는 메시지

이 책을 읽는 여러분은 반드시 성공할 수 있다. 나는 여러분이 왜 일을 해야 하는지, 그 일을 통해 누군가를 행복하게 만들고 있는지 스스로 질문을 던져보길 바란다. 일의 진정한 의미가 무엇인지 깨달아 모두가 성공하는 데 도움이 되기를 바라며 이 책을 쓰게 되었다. 이 책은 사회 초년생에게 일을 대하는 태도와 목표 설정의 명확한 방향을 제시함으로써, 그들이 성공적인 직장 생활을 영위할 수 있도록 돕고자 한다.

나는 일본 유학 후 글로벌 일본 기업에 한국인 최초로 입사하게 되었다. 처음 도전했던 그 길은 결코 쉽지 않았다. 한국인 최초라는 타이틀이 자랑스러우면서도 동시에 무거운 책임감을 안겨 주었다. 그 과정에서 나는 무수한 시행착오를 겪었고, 그때마다 나를 일으켜 세워 준 이들이 바로 '위대한 꼰대'였다. '꼰대'라는 단어가 부정적으로 들릴 수 있지만, 내가 말하는 '위대한 꼰대'는 상대방의 진정한 성공을 바라는 마음으로 아낌없이 조언을 건네주는 사람이다. 그들은 때로는 냉정하고 직설적이었지만, 항상 나의 성장을 위해 진심으로 조언해 주었다.

그들의 가르침 덕분에 나는 시간 관리, 경영 전략, 팀워크 등 다양한 분야에서 능력을 키워왔다. 여러 부서를 거치며, 다양한 사람들과 협업을 하고 사업을 추진하면서 항상 생각했다. 직장 생활에도 공식이 있지 않을까? 공식이 있다면 나처럼 헤매지 않고도 효율적으로 성공할 수 있지 않을까? 그래서 나는 그동안 배운 것들을 바탕으로 직장 생활의 공식을 체계화해 보고자 했다.

이 책을 쓰는 이유는 두 가지다. 첫째, 나에게 아낌없는 조언을 해준 위대한 꼰대들에게 받은 도움을 니 또한 후배들에게 돌려주고 싶다는 마음 때문이다. 둘째, 다른 사람들을 돕는 과정에서 나 자신도 더 성장하고 싶기 때문이다. 나는 내가 경험한 것들이 사회 초년생에게 큰 도움이 될 것이라고 확신한다. 사회생활은 결코 혼자 헤쳐 나가는 것이 아니다. 나처럼 경험이 부족한 상태에서 시작해도, 좋은 멘토와 체계적인 방법을 따른다면 누구나 성장하고 성공할 수 있다.

이 책을 통해 일이 가진 진정한 의미를 깨닫고, 성장할 수 있는 방법을 찾아가길 바란다. 이 책이 사회생활에 조금이라도 도움이 되고, 행복한 삶을 사는 데 작은 계기가 되길 진심으로 기원한다.

이제 나와 함께 '위대한 꼰대'를 만나러 가자. 그가 전해주는 소중한 조언을 통해 직장 생활의 공식을 배우고, 사회인으로서 한 걸음씩 나아가 보자. 충분히 해낼 수 있다. 함께 위대한 여정을 시작해 보자.

목차

PART 1 생각하고 행동하라

PART 2 성공을 함께하는 사람들

PART 3 성과로 이어지는 생존 스킬

PART 4 영업과 돈의 원리

PART 5 자기계발은 직장 생존 원동력

PART 6 미래를 준비하는 실천 전략

1

생각하고
행동하라

일본에서 만난 '위대한 꼰대', 그는 어떻게 나를 바꾸었을까?

내가 책을 쓰게 된 이유는 단순히 과거의 경험을 나열하기 위해서가 아니다. 일본 유학 후 일본 기업에서 직장 생활을 하면서 많은 배움을 얻었는데, 그 속에는 나를 이끌어준 '위대한 꼰대'가 있었다. 이제는 나 역시 MZ세대에게 힘이 되어주고, 그들이 더 나은 미래를 향해 나아가는 데 도움이 되고 싶다. 이 책을 통해 내가 겪은 시행착오와 배움을 나누어 많은 MZ세대가 자신의 길을 찾는 데 조금이나마 도움이 되기를 바란다.

'일'이란 무엇일까? 우리는 인생에서 가장 많은 시간을 일하는 데 소비한다. 이렇게 인생에서 큰 비중을 차지하는 일의 의미를 진지하게 고민해 본 적이 있는가? 요즘 MZ세대는 성공의 의미를 기성세대와 다르게 정의한다. 승진과 돈보다 워라밸Work-Life Balance을 중시하며, 여유롭고 풍요로운 삶을 원하는 경향이 강하다. 더 나아가 업무에서의 성장보다는 다양한 경험을 통해 느끼는 성취감과 개인적 성장을 더 소중하게 여긴다.

'성공'과 '성장'은 무슨 연관이 있을까? 성공이란 단순히 높은 자리에 올라가거나 돈을 많이 버는 것이 아니라, 나 자신이 성장하면서 삶에 만족과 행복을 찾는 과정이라고 나는 믿는다.

때로 MZ세대는 안정적인 직장에 머물며 더 나아가려는 목표를 잃어버리기도 하고, 경쟁에 지쳐 미리 포기해 버리기도 한다. 그러나 성장하는 것은 중요하다. 성장하지 않는다면 나의 삶은 결국 정체되기 마련이다. 새로운 도전은 두렵지만, 그 자리에 올라섰을 때 느끼는 성취감과 자신감은 무엇과도 바꿀 수 없는 가치다.

90세가 넘은 회장님과 함께 일했던 경험은 나에게 큰 울림을 주었다. 회장님은 매일 아침 전철로 출근하시며 신문을 읽고, 전 세계에서 오는 메일을 가장 먼저 확인하며 회신하셨다. 각종 회의에도 직접 참여해 중요한 결정을 내리는 모습을 보며 나는 생각했다. "왜 이분은 90세가 넘어서도 이렇게 일하실까?" 회장님에게 일은 돈이나 명예를 넘어서 끝없이 자기계발을 함과 동시에 타인에게 긍정적인 영향을 미치는 과정이었다. 일을 통해 자신의 성장뿐만 아니라 주변 사람들과 함께 행복을 만들어가는 모습을 보며 나 역시 진정한 일의 의미를 깨닫게 되었다.

나의 경험으로 MZ세대에게 전하고 싶은 메시지는 분명하다. 일은 단순히 돈을 버는 고통스러운 과정이 아니라, 나를 성장시키고 세상을 변화시키는 힘이다. 일본에서 생활하기란 결코 쉽지 않았다. 언어의 장벽, 문화의 차이, 조직 내 이질감으로 포기하고 싶었던 순간도 많았다. 하지만 일을 멈추지 않고 나 자신을 되돌아보며 겸손해지고 마음을 닦는 시간으로 삼았다. 일을 통해 배운 노력과 끈기는 나를 단단하게 만들었고, 동료, 후배, 상사와 협력하며 얻은 성취감은 무엇보다 값진 경험이었다.

그렇다면 왜 이들과의 관계가 중요할까? MZ세대는 개인주의적 특성이 강하지만, 동시에 사회적 불의에 민감하고 변화를 위해 목소리를 내는 열정을 가지고 있다. 한 사람이 성장하면서 좋은 성과를 내면, 그 성과는 조직과 회사에 기여하게 되고, 더 나아가 사회에 긍정적인 영향을 준다. 이러한 변화는 결국 '나'와 내 주변을 행복하게 만드는 길로 이어진다. 나의 성장은 자기자신의 성공을 넘어 타인의 행복까지 연결되며, 그 과정에서 더 큰 동기부여와 의미를 찾을 수 있다.

MZ세대에게 말하고 싶다. 어떤 힘든 상황에서도 포기하지 말고 앞으로 나아가라. 일하면서 기술을 익히고 문제를 해결하며 얻는 자신감과 성취감은 인생의 의미를 만들어준다. 또한, 타인과 협력하며 함께 성장하는 과정을 경험한다면 진정한 행복을 느낄 수 있을 것이다. 성장과 성공은 결국 자기계발을 하면서 나 자신을 발전시키고, 타인의 행복을 위해 노력하는 과정에서 완성된다.

이제 나도 일본에서 만난 '위대한 꼰대'처럼 MZ세대에게 꼭 필요한 조언을 하고 싶다. 일은 단순한 노동이 아니라 나와 타인의 행복을 함께 만들어가는 과정이다. 이 책이 그 첫걸음이 되어, 많은 MZ세대가 일의 참된 가치를 발견하고 더 나은 미래를 만들어가기를 진심으로 바란다.

- 공식: 일의 목적 = 자기계발 + 타인행복
- 설명: 일은 단순히 생계를 유지하는 수단이 아니라, 개인의 자기계발과 타인의 행복을 추구하는 중요한 수단이다. 일을 통해 새로운 기술과 지식을 습득하며 자신을 발전시킬 수 있다. 동시에, 동료나 고객의 행복을 도모함으로써 신뢰와 신용을 쌓을 수 있다. 이러한 과정은 개인의 성공으로 이어지며, MZ세대는 일을 통해 자신과 타인의 삶을 풍요롭게 만드는 태도를 가져야 한다. 결국, 일을 통한 자기계발과 타인에 대한 기여는 진정한 성공과 일의 가치를 깊이 느끼게 한다.

천직은 특별한 직업이 아니다,
지금의 태도가 만든다

|

2

일에서 재미를 찾는 방법은 크게 두 가지다. 하나는 자신이 좋아하는 일을 찾는 것이고, 다른 하나는 현재 하고 있는 일을 좋아하게 만드는 것이다. 특히 MZ세대에게는 후자가 더 현실적이고 빠른 선택일 수 있다. 현재의 일이 마음에 들지 않더라도, 그 일을 좋아하려는 태도를 갖추면 더 큰 보람을 느끼고, 일에서 즐거움을 찾게 된다. 일은 처음에는 지루하거나 힘들게 느껴질 수 있지만, 그 일에 애정을 가지고 꾸준히 노력하는 과정에서 천직으로 느껴지는 순간이 찾아온다.

나는 일본 기업에 입사한 뒤 6개월의 집중 연수를 마치고, 자동차 내장 부품 기술부에 배치되어 또다시 6개월간 직장 교육OJT을 받았다. 선배와 상사의 지도 아래 실무 기술을 배운 후, 2년 차부터는 토요타의 고급 브랜드인 렉서스의 내장 부품 개발을 맡게 되었다. 일본 기업 문화는 어린 직원이라도 담당자에게 실무를 맡기고, 그 일을 완수할 책임을 준다. 매일같이 토요타 본사에 불려가 끝없는 요구와 과제를 받아오는 과정은 지루하고 힘들었다. 그 과정 속에서 내가 할 수 있었던 유일한 일은 현재의 일에 몰입하고, 그 일을 즐길 방법을 찾는 것이었다.

매일 반복되는 미팅과 과제 수행은 결코 쉽지 않았다. 하지만 막중한 책임감을 짊어진 덕분에 성장하는 나 자신을 발견할 수 있었다. 처음엔 그저 버티기 위해 몰두했지만, 시간이 지나면서 그 책임 속에서 얻는 성취감과 보람이 더 커졌다. 이 경험을 통해 천직이란 다른 어디에 있는 것이 아니라, 지금 내가 하는 일을 얼마나 좋아하고 몰입하는지에 달려 있다는 사실을 깨달았다.

좋아하지 않는 일을 억지로 하는 것이 아니라, 작은 성취를 쌓으며 점차 그 일에서 보람을 찾게 되고, 자신만의 전문성을 키워나가면서 천직으로 이어진다. 많은 사람들은 특정 직업을 천직으로 생각하며 '자신에게 맞는 일'을 찾으려 하지만, 천직은 어떤 직업 자체가 아니라 지금의 일을 어떻게 받아들이고 몰입하는가에 따라 형성된다.

이 과정에서 중요한 것은 꾸준함이다. 아무리 작은 업무라도 지속적으로 수행하다 보면 성취감을 느낄 수 있고, 그 과정이 쌓여 결국 자신만의 전문성을 만들어준다. 작은 일이라도 지속적으로 해나가는 태도가 결국 그 일을 천직으로 만들어가는 과정임을 기억해야 한다. 회사에는 비슷한 능력을 가진 사람들이 모여 있기 때문에 재능보다 끈기와 꾸준함이 차이를 만든다.

결국, 일의 재미는 그 일을 대하는 태도에서 온다. 많은 사람들이 '재미있는 일'을 찾으려 하지만, 현재 하고 있는 일을 어떻게 재미있게 만들지 고민하는 태도가 더 중요하다. 일을 단순히 지루한 노동으로 느끼기보다는, 삶을 더욱 풍요롭게 해주는 의미 있는 활동으로 바라볼 때 비로소 진정한 재미와 보람을 찾을 수 있다. MZ세대가 지금 하고 있는 일에 애정을 가지고 꾸준한 태도로 일을 재미있게 만들려는 노력을 기울인다면, 이는 단순히 직장 생활의 지루함을 넘어서 더 나은 삶의 만족으로 이어질 것이다. 일을 즐기려는 태도는 성취감을 높이고, 더 큰 성공으로 나아가는 동력이 될 것이다.

📦 꼰대공식

- 공식: 천직 = 현재의 일 + (애정 + 꾸준함)
- 설명: 천직이란 지금 하고 있는 일에 깊은 애정을 갖고 꾸준히 이어 가는 것이다. 아무리 좋은 직업이라도 애정이 없거나 지속하지 못하면 천직이 될 수 없다. 반대로, 아무리 좋아하는 일이라도 꾸준히 노력하지 않으면 원하는 결과를 얻기 어렵다. 애정은 동기를 만들고, 꾸준함은 실력을 키운다. 이 두 가지가 결합될 때, 비로소 지금의 일이 천직이 된다.

시간을 낭비하지 않는 평생직업
발견의 3가지 요소

|

3

우리는 모두 한정된 시간 속에서 살아간다. 사회 초년생으로서 회사에서 자신이 무슨 일을 하고 있는지, 그리고 그것이 어떤 의미를 가지는지 고민하는 것은 당연하다. 나 역시 입사 후 첫 3년 동안 자동차 내장 부품을 개발하며 힘든 시기를 보냈다. 그 시기에는 내가 살아가는 목적과 꿈이 없었고, 매일 반복되는 업무 속에서 아까운 시간을 흘려보냈던 것 같다. MZ세대는 이런 시간을 줄이고, 자신의 꿈을 찾는 데 소중한 시간을 투자하기를 바란다. 그렇다면 진정으로 하고 싶은 일을 찾고, 그 일에 시간을 쏟으려면 어떻게 해야 할까?

시간 관리는 단순히 많은 일을 효율적으로 처리하는 것이 아니라, 정말 중요한 것에 집중하는 것이다. 그렇다면 우리가 진정으로 집중할 수 있는 일을 어떻게 찾을 수 있을까? 이는 삶의 방향을 정하는 데 가장 중요한 질문이다. 선택한 일이 우리의 시간 대부분을 차지하게 되고, 결국 우리의 삶을 결정짓기 때문이다. 이 질문에 답하기 위해서는 '잘하는 것', '재미있는 것', '소중한 것' 이 세 가지 기준을 살펴볼 필요가 있다. 이 세 가지가 모두 충족되는 일을 찾는다면, 그것이야말로 평생 몰두할 수 있는 일, 즉 평생직업이 된다.

　나의 경우, 잘하는 것은 일본어였고, 재미있는 것은 일본 생활이었다. 그리고 소중한 것은 일본에서의 모든 경험이었다. 그래서 나는 일본 기업에서 성장하는 길을 선택했고, 본사에서 경험을 쌓으며 한국 지사장까지 오를 수 있었다. 내가 일본어를 배우고 일본 문화에 흥미를 가지면서 자연스럽게 일본과 관련된 일을 하게 된 경험은 평생직업을 찾는 과정에서 시간이 얼마나 중요한 역할을 하는지, 그리고 그 가치가 얼마나 큰지 깨닫게 해주었다. 일본어라는 강점, 일본 생활에서 느낀 재미, 그리고 일본에서 쌓은 모든 경험은 지금 내가 하는 일의 기반이 되었고, 이를 통해 성취감과 보람을 느끼고 있다.

　잘하는 것, 재미있는 것, 소중한 것을 각각 10개씩 적어보고 그중에서 우선순위를 정해보라. 가장 중요한 3가지를 선택하고 그것을 직업과 연결시켜 보자. 이 과정을 통해 자신에게 맞는 직업을 발견할 수 있을 것이다. 평생직업은 단순히 돈을 벌기 위한 직업이 아니라, 자신이 시간을 투자할수록 더 큰 성취감과 보람을 느낄 수 있는 일을 의미한다. 잘하는 것과 재미있는 것이 결합되고 여기에 소중한 가치를 더한 일이야말로 우리가 평생 시간을 쏟아도 후회하지 않을 직업이 될 수 있다.

　'잘하는 것'은 자신이 능력을 발휘할 수 있는 분야를 뜻한다. 이는 자연스럽게 높은 성과를 내며 자신감을 키울 수 있다. 과거의 성공 경험을 돌아보거나 주변의 피드백을 통해 자신의 강점을 파악해 보자. 잘하는 일에 집중하면 자신만의 경쟁력을 갖출 수 있고, 이는 직업적 안정성으로 이어질 수 있다. '재미있는 것'은 열정을 지속시키는 원동력이다. 아무리 잘하는 일이라도 흥미가 없다면 오래 지속하기 어렵다. 흥미를 느끼는 일은 배우고 탐구하고 싶은 동기를 불러일으킨다. '소중한 것'은 개인의 가치관과 연결된 일이다. 내가 하는 일이 동료, 고객, 그리고 가족과의 관계 속에서 긍정적인 영향을 미친다면, 그 일은 단순한 직업을 넘어 삶의 의미가 된다.

평생직업을 찾는 과정은 성공뿐만 아니라 행복한 삶으로 가는 열쇠가 된다.

---

③ 꼰대공식

- 공식: 직업찾기 = 잘하는 것 + 재미있는 것 + 소중한 것
- 설명: 평생직업은 단순히 생계를 유지하는 수단이 아니라, 자신에게 진정한 만족과 의미를 주는 일이다. 이 직업은 세 가지 요소가 결합될 때 완성된다. 첫째, 잘하는 일이어야 한다. 전문성과 능력을 발휘할 수 있는 일이어야 지속 가능하다. 둘째, 재미있는 일이어야 한다. 흥미와 열정이 뒷받침되지 않으면 쉽게 지치고 포기할 수 있다. 마지막으로, 소중한 일이어야 한다. 자신과 타인에게 가치와 의미를 제공하는 일이어야 한다. 잘하는 것, 재미있는 것, 소중한 것의 교차점에서 평생직업이 탄생한다.

상사가 원하는 주인의식,
MZ세대가 갖춰야 할 성공열쇠

|

4

회사에서 상사들이 MZ세대의 업무 능력을 판단할 때 중요한 기준 중 하나는 '주인의식'이다.

주인의식이란 단순히 자신이 맡은 일만 잘하는 것이 아니라, 상대방의 입장에서 문제를 해결하는 능력을 말한다. 특히 상사나 사장의 입장에서 상황을 이해하고, 그들이 고려해야 할 요소들까지 함께 생각하며 일을 처리할 수 있는 사람은 빠르게 인정받고, 출세할 가능성이 크다.

나는 일본의 글로벌 기업에서 일하면서 주인의식의 중요성을 일찍이 깨달았다. 100년 가까운 역사를 가진 회사에서 최초의 한국인으로 본사에 입사했으며, 대학 시절에는 장학생으로 선발되어 회장님의 관심을 받기도 했다. 이 덕분에 회장님과 임원들의 눈에 일찌감치 띄었고, 그들과 가까운 거리에서 일할 수 있는 기회를 얻게 되었다. 하지만 이런 기회가 주어졌다고 해서 성공이 보장된 것은 아니었다. 어떻게 하면 그들의 인정을 받을 수 있을지 고민하며 답을 찾기 시작했다. 그 답은 바로 주인의식을 갖고, 그들의 입장에서 문제를 해결하는 능력에 있었다.

사장님의 입장에서 일을 처리한다는 것은 단순한 업무 처리가 아니라, 회사의 전체적인 방향, 장기적인 목표, 조직의 균형 등을 모두 고려하는 것이다. 사장의 관점에서 이런 요소들을 충분히 이해하고, 그에 맞게 결정을 내릴 수 있는 사람은 결국 그 위치로 올라갈 수밖에 없다. 부장님의 입장에서 일을 처리하는 것도 마찬가지다. 부장님의 책임과 고민을 이해하고, 그들의 시각에 맞춰 행동한다면 빠르게 승진할 기회를 얻게 된다.

반대로, 출세하지 못하는 사람들은 주인의식을 갖추지 못한 경우가 많다. 단순히 자기 일만 잘하는 사람, 즉 시키는 일만 처리하는 사람은 큰 성과를 내기 어렵다. 회사에서 성장하는 것은 단순히 일을 잘하는 것 이상의 문제다. 상대방의 입장에서 문제를 해결하고 새로운 가치를 창출하는 능력에 달려 있다.

예를 들어, 사소한 일 하나라도 주인의식을 가지고 처리하는 것이 중요하다. A4 한 장을 인쇄하는 작은 업무조차도 주인의식을 가진 사람이라면, 임원의 나이를 고려해 글씨 크기를 조절하거나, 사용 목적에 따라 A3를 선택하는 등 상대방이 더 잘 이해할 수 있도록 배려한다. 이러한 사소한 차이들이 모여 결국 큰 차이를 만들어낸다.

주인의식을 가지고 상대방의 입장에서 일을 처리하는 사람은 결국 인정받고, 더 많은 기회를 얻게 된다. 자기 일처럼 모든 일을 처리하는 과정에서 능력을 발휘한다면, 회사에서 성공하는 것은 시간문제일 뿐이다. MZ세대에게 전하고 싶은 중요한 조언은 바로 이 주인의식을 가지라는 것이다. 작은 일일지라도 상대방의 입장에서 고민하고 처리하는 자세가 성공으로 가는 열쇠다.

🎲 꼰대공식

- 공식: **승진 = 주인의식 × 공감능력**
- 설명: 주인의식은 자신의 일분 아니라 조직 전체를 자신의 일처럼 고민하고 책임지는 태도다. 공감능력은 상대방, 특히 상사와 동료의 입장에서 상황을 이해하며 협력하는 역량이다. 이 둘은 서로 시너지를 일으킨다. 주인의식만으로는 조직 내 협력을 이끌기 어렵고, 공감능력만으로는 책임감을 전달하기 부족하다. 하지만 두 요소를 결합하면 상대방의 필요를 이해하면서도 이를 적극적으로 해결해 나가는 사람이 된다. 이는 상사의 신뢰를 얻고, 더 큰 기회를 만드는 원동력이 된다.

경영자는 세상을 어떻게 볼까?
조직과 개인을 위한 시각

|

⑤

회사의 일원으로서 성장하고 전문성을 키우기 위해서는 젊을 때부터 경영자의 시점으로 업무를 하는 습관이 중요하다. 단순히 맡은 일을 잘하는 것을 넘어서, 회사의 목표와 방향을 이해하고 이를 실천할 수 있는 능력을 갖추는 것이 핵심이다. 경영진의 관점에서 사고하고 행동하는 경험은 개인의 경영 감각을 키우고, 업무를 더 넓은 시각에서 바라볼 수 있게 하는 중요한 과정이다.

나도 입사 3년 차부터 일본 본사에서 경영 회의에 참가할 기회를 얻었다. 회장님의 배려로 다양한 국가에서의 경영적 판단과 전략을 가까이에서 보고 배울 수 있었고, 회사가 전 세계의 이슈들에 어떻게 대응하는지 경영진이 의사결정을 내리는 과정을 직접 지켜보며 큰 깨달음을 얻었다. 경영자의 시점으로 세상을 바라보는 법을 배우고 더 넓은 시각을 갖게 된 소중한 경험이었다.

승진을 목표로 하거나 더 큰 책임을 맡고 싶다면, 신입 시절부터 경영자의 시점으로 업무에 접근하는 것이 큰 도움이 된다. 예를 들어, 부장이나 사장의 입장에서 어떤 결정을 내릴지를 상상해 보고, 그에 맞춘 행동을 실천해 보는 연습이 필요하다. 나 또한 경영 회의에 참여하며 업무를 깊이 이해하고 문제 해결 능력도 자연스럽게 키워, 미래 역할을 준비할 수 있었다.

또한, 경영자의 시점을 갖는다는 것은 자신이 속한 부서나 팀의 이익을 넘어서 회사 전체의 이익을 고려하는 태도를 의미한다. 회사의 수익을 높이기 위해 전체적으로 어떤 전략을 세워야 하는지, 각 부서는 어떤 역할을 해야 하는지를 고민하게 된다. 이처럼 회사의 더 큰 목표와 방향을 이해하고, 자신의 업무가 어떻게 회사 전체에 기여하는지를 이해하는 능력은 경영 회의 경험을 통해 더욱 확고해졌고, 나의 경력 발전에도 긍정적인 영향을 미쳤다.

경영자의 시점으로 일하는 습관은 회사의 성장을 돕는 동시에 나의 전문성을 높이는 기회가 된다. 관리자의 시점과 달리, 경영자의 시점은 회사 전체의 비전을 이해하고, 장기적인 성장을 도모하는 능력을 필요로 한다. 이는 결국 회사와 개인의 성공을 동시에 이루는 데 중요한 역할을 한다.

경영자의 시점은 개인의 성공뿐 아니라 조직 전체의 성공을 목표로 삼는다. 이 관점을 통해 더 나은 성과를 창출하고 회사의 목표에 기여하는 동시에 개인의 경력도 함께 성장시킬 수 있다. 경영자의 시점으로 사고하고 행동하는 습관은 개인과 회사의 성공을 함께 이끌어낼 수 있는 중요한 무기다.

결국, 경영자의 시점으로 사고하는 것은 업무성과와 개인 성장 모두에 긍정적인 영향을 미친다. 이 습관은 회사와 개인이 함께 성장할 수 있는 기반을 마련해 주고, 장기적인 성공을 위한 발판이 된다.

🎲 꼰대공식

- 공식: 조직성장 = (팀워크 + 행동) × 경영자시점
- 설명: 조직성장은 팀워크와 실천으로 옮기는 행동, 그리고 경영자의 시점에서 바라보는 전략적 사고의 조화에서 비롯된다. 경영자 시점은 조직의 목표와 방향성을 설정하고, 팀워크는 구성원 간 협력을 통해 이를 효과적으로 실현하는 기반을 만든다. 하지만 아이디어와 협력만으로는 충분하지 않다. 행동으로 이를 실행에 옮겨야만 실제 성과를 만들어낼 수 있다. 경영자의 넓은 시각과 팀워크의 조화, 그리고 실행력을 겸비한 조직은 변화와 도전에 유연하게 대응하며 지속적으로 성장할 수 있다.

미래 리더, MZ세대가
갖춰야 할 사고방식

|

6

일본에서 다양한 CEO들과 함께 일하면서 회사의 성장은 CEO의 리더십과 비전에 달려 있다는 사실을 깨달았다. 시야가 좁은 CEO는 회사를 장기적으로 이끌어가기 어렵지만, 넓은 비전과 깊은 사고를 가진 CEO는 회사의 방향을 넓히고 새로운 성장 기회를 만든다. 특히 성공한 CEO들은 공통적으로 자기 내면을 끊임없이 다듬고, 깊이 있는 생각으로 회사의 방향을 설정해 직원들에게 영감을 준다.

내가 일했던 일본의 글로벌 기업 회장님도 이러한 리더 중 한 분이었다. 회장님은 100년에 가까운 역사를 가진 회사에서 강력한 리더십을 발휘했다. 회장님은 새벽 3시 반부터 일을 시작해, 러시아워를 피해 유유히 전철로 출근하셨다. 겸손하고 소박한 삶을 사셨고, 직원들 사이에서는 닉네임이 '일'일 정도로 평생을 회사와 함께 하신 분이었다. 회장님이 일에 대해 가지신 열정과 바른 생각은 조직의 미래를 안정적으로 이끌었다. 이러한 회장님의 모습은 나에게도 큰 교훈이 되었고, 생각의 깊이가 리더십의 본질임을 배우는 계기가 되었다.

미래의 리더가 될 MZ세대에게 이러한 사고방식은 매우 중요하다. 경영자의 위치에 오르면 단순한 지식이나 기술보다 사고의 힘이 성공과 실패를 결정짓는 중요한 요소가 된다. 바른 생각을 가진 리더는 회사를 올바른 방향으로 이끌고, 결과적으로 성공과 성과를 자연스럽게 만들어낸다. 이러한 성공은 회사에 재정적 여유를 주며, 더 많은 전문가와 새로운 지식을 접할 기회를 제공한다. 결국 회사의 발전을 이끄는 모든 과정은 '올바른 생각'에서 시작된다.

많은 사람들은 돈과 성공만을 추구하지만, 성공의 진정한 기반은 바로 사고방식이다. 사고방식이 올바른 리더는 위기 상황에서도 긍정적이고 창의적인 사고로 새로운 기회를 찾아내고, 이를 통해 회사의 성장과 발전을 이루어낸다. 반대로 자원이 충분해도 잘못된 판단을 내리는 리더는 회사를 쉽게 위기에 빠뜨린다. 리더의 생각과 판단이 회사의 성패를 좌우하기 때문이다.

좋은 리더는 명확한 목표를 설정하고, 팀이 그 목표를 향해 나아갈 수 있도록 방향을 제시하며 팀의 잠재력을 최대로 이끌어낸다. 이 과정에서 가장 중요한 것은 지식이 아닌, 리더의 깊이 있는 사고와 올바른 판단이다. 경영자의 사고방식이 회사의 방향을 정하고, 그 방향이 회사의 미래를 결정짓는다. MZ세대가 미래의 리더로 성장하기 위해 기억해야 할 핵심은 바로 이러한 사고의 힘이다.

🎲 꼰대공식

- 공식: 지도자 = 목표설정 × 바른 생각

- 설명: 지도자는 목표를 설정하고 이를 바른 생각으로 실천해 나가는 사람이다. 목표설정은 조직이 나아가야 할 방향을 제시하는 과정으로, 지도자는 이 과정에서 장기적인 비전과 구체적인 계획을 제시해야 한다. 하지만 목표만으로는 부족하다. 이를 바른 생각으로 뒷받침해야만 구성원들에게 신뢰를 주고 조직을 이끌어갈 수 있다. 목표와 바른 생각이 조화를 이룰 때, 지도자는 조직의 성장을 도모하고 팀이 잠재력을 최대한 발휘할 수 있게 한다.

회장님이 가르쳐 준
지속 가능한 성공의 원칙

|

7

인생에서 생각이 모든 것을 결정짓는다. 성공하는 사람들의 공통점은 돈을 목표로 삼기보다는 일의 목적을 중요하게 여긴다는 점이다. 일본에서 일하며 한국으로 자주 출장을 다녔을 때, 회장님과 사모님과 함께한 출장들이 떠오른다. 회장님은 언제나 일의 목적과 의미를 중요하게 여기셨다. 그는 한국에 오셔서도 사무실에서 주요 인사들과 중요한 미팅을 진행하며 업무에 집중하셨다. 돈이나 권력을 추구하기보다는 일 자체의 의미와 책임을 느끼며 일하셨던 회상님의 모습은, 성공한 사람들의 중요한 가치관을 보여주는 사례였다.

그들은 돈을 쫓기보다는 좋은 일을 하겠다는 마음가짐으로 일하며, 이를 통해 자연스럽게 금전적 보상도 따라온다고 믿는다. 이와 같은 태도는 비즈니스에서도 마찬가지다. 회장님은 출장 중에도 항상 고객의 이익과 회사의 사회적 책임을 최우선으로 두셨다. 어느 날, 회장님이 KTX를 타고 지방으로 이동하실 때 와이파이를 설정해 달라고 부탁하시고는 이동 중에도 컴퓨터로 끊임없이 일하셨다. 궁금해진 나는 사모님께 회장님이 왜 아침부터 저녁까지 일만 하시는지를 여쭤본 적이 있다. 사모님은 회장님이 단지 일 자체를 즐기고 계실 뿐 아니라, 회사와 직원들을 책임지려는 마음 때문이라고 설명해 주셨다.

이는 단지 개인의 성공이 아니라 고객과 주변 사람들에게 긍정적인 영향을 주는 중요한 전략이었다. 고객의 이익을 최우선으로 생각할 때, 그 결과는 결국 자신에게도 긍정적인 이익으로 돌아온다. 그렇다고 돈을 완전히 무시하라는 뜻은 아니다. 회장님 역시 회사의 재무적인 성공을 무시하지 않으셨다. 하지만 돈 자체가 목적이 되지 않도록 했으며, 책임감과 사회적 기여라는 목표를 항상 가슴에 두고 계셨다.

반면 돈만을 목표로 삼는 사람은 돈에 휘둘리기 쉽다. 장기적으로 좋은 결과를 얻기 어렵고, 주위 사람들의 신뢰를 잃을 가능성이 크다. 회장님처럼 책임감을 갖고 일하는 사람은 고객과 직원들의 이익을 먼저 생각하며 주변의 신뢰와 존경을 얻게 된다. 이 과정에서 자연스럽게 고객이나 동료와의 관계가 강화되고, 그 결과 일의 성과도 더 좋아지게 된다. 결국 이러한 신뢰는 사업 확장과 더 큰 성공으로 이어진다.

성공을 위한 중요한 전략 중 하나는 바른 마음가짐을 유지하는 것이다. 회장님처럼 타인의 행복을 생각하며 일하는 이타적인 사고방식은 진정한 신뢰와 성공을 불러오는 원동력이다. 회장님은 아시아 최초로 폴리우레탄폼 양산 기술을 개발하며 그 기술을 전 세계로 확대했다. 이는 단순한 사업적 성공이 아니라, 자신이 가진 기술로 사회에 기여하겠다는 책임감이 있었기에 가능한 일이었다. 회장님의 이러한 태도는 비즈니스와 인생 모두에서 나에게 깊은 울림을 주었다.

결국, 올바른 사고방식은 성공에 있어 핵심적인 역할을 한다. 돈만을 좇는 사람은 일시적으로 성공할 수 있지만, 지속 가능하지 않다. 반대로, 고객과 주변 사람들의 이익을 우선하며 일하는 사람은 장기적으로 성공할 가능성이 훨씬 크다. 회장님처럼 책임감과 신념을 바탕으로 일하는 사람은 주위 사람들로부터 신뢰와 지지를 얻으며, 지속적으로 성장할 수 있는 환경을 만들어간다.

따라서, 성공의 비결은 단순한 재능이나 노력에 그치는 것이 아니라, 바른 생각을 바탕으로 주변 사람들과의 관계를 중시하고 이타적인 행동을 지속하는 데 있다. 이러한 전략은 결국 성공뿐만 아니라 삶의 질적인 성취까지도 이끌어낸다.

---

⑦ 꼰대공식

- 공식: 기업성공 = 이타정신 × 책임감
- 설명: 기업의 성공은 단순히 매출이나 이익으로만 측정되지 않는다. 진정한 기업성공은 이타정신과 책임감의 조화에서 나온다. 이타정신은 고객, 직원, 사회를 배려하며 신뢰와 존경을 쌓는 기반이 되고, 책임감은 이를 실천으로 옮기며 지속 가능한 성장을 가능하게 한다. 이 두 가지가 결합되면 기업은 단기적 이익을 넘어 장기적 가치를 창출하고, 사회에 긍정적인 영향을 미칠 수 있다.

스펙은 중요하지 않다?
회사가 원하는 진짜 자질

|

8

회사나 조직을 보면, 다양한 경험과 배경을 가진 사람들이 모여 있다는 것을 알 수 있다. 각자 가진 능력과 스펙을 바탕으로 맡은 자리에서 일하지만, 그중에서도 눈에 띄는 사람들은 결국 '올바른 생각'을 가진 경우가 많다. 아무리 좋은 학벌과 뛰어난 실력을 가졌어도, 사고방식이나 가치관이 흔들리면 회사나 팀 전체에 좋지 않은 영향을 줄 수 있다는 걸 우리는 잘 알고 있다.

예를 들어, 중요한 프로젝트를 맡은 리더가 있다고 생각해 보자. 만약 이 리더가 고집을 피우느라 시장의 변화를 놓쳐버린다면 어떻게 될까? 실제로 주변에서도 이런 사례가 종종 있다. 팀원들이 다양한 의견을 제시하고 좋은 아이디어를 내더라도, 리더가 기존 방식을 고수하느라 변화를 받아들이지 않으면 결국 큰 손실을 피하기 어려워진다. 팀 전체가 불필요한 압박 속에서 일하게 되는 상황도 생긴다. 이렇듯 올바른 생각과 판단이 개인의 성장뿐 아니라 조직의 성공에도 필수적이라는 사실을 알 수 있다.

앞으로 빠르게 변하는 시대 속에서 정치, 경제, 문화 등 모든 분야에서 올바른 판단은 점점 더 중요해질 것이다. 스펙과 실력도 성공의 요소가 될 수 있지만, 진정한 성장과 성공은 결국 '올바른 생각'에서 시작된다. 올바른 생각을 유지하는 세 가지 방법을 알아보자.

올바른 생각을 유지하는 세 가지 방법

1. 확고한 신념 다지기

회사 생활에서는 다양한 의견이나 압력에 흔들릴 일이 많다. 하지만 가치관이 확고하면 흔들림 없이 중심을 잡을 수 있다. 예를 들어, 회의에서 다른 사람들의 의견에 휩쓸리지 않고 자신의 주장을 명확히 펼치는 동료가 있다면, 이는 평소에 자신의 가치관을 다져온 덕분이다. 나 역시 회사에서 최고의 사원이 되겠다는 마음으로 꿈을 키워왔고, 이를 바탕으로 나만의 중심을 다져왔다.

2. 끊임없이 배우기

빠르게 변화하는 세상에서는 기존 지식과 경험만으로는 부족할 때가 많다. 회사에서도 새로운 트렌드나 기술을 꾸준히 공부하는 태도가 필요하다. 예를 들어, 최신 트렌드와 시장 변화를 반영해 제안서를 준비하고, 이를 바탕으로 성공적인 프로젝트를 이끄는 동료들을 보면 알 수 있다. 새로운 정보와 지식을 통해 판단을 유연하게 조정할 수 있는 태도가 중요하다.

3. 도덕적 기준 세우기

가끔 회사 생활에서는 단기적인 이익을 택할지, 아니면 장기적으로 옳은 선택을 할지 고민하게 된다. 윤리적인 기준을 세우고 이를 지키는 것도 중요한 이유다. 예를 들어, 빠르게 성과를 내기 위해 윤리적이지 않은 결정을 내린 리더가 잠시 좋은 평가를 받았더라도, 결국 회사의 신뢰가 떨어지고 더 큰 손실을 보는 사례들이 많다. 단기적 이익보다는 장기적인 안목으로 판단을 내리는 것이 필요하다.

이처럼 올바른 생각과 판단은 회사 생활에서 성공의 핵심 요소다. 외적인 성취뿐만 아니라 내적인 성장과 신념을 지키며 변화 속에서도 당당하게 나아갈 수 있다.

🎲 ⑧ 꼰대공식

- 공식: 직장성공 = (신념 + 학습 + 윤리) × 바른 생각
- 설명: 직장에서 성공하는 것은 단순히 능력이나 스펙만으로 이루어
  지지 않는다. 진정한 성공은 바른 생각을 바탕으로 신념, 학
  습, 윤리가 조화를 이룰 때 가능하다. 신념은 흔들리지 않는
  중심을 제공하며, 학습은 변화에 유연하게 대처할 수 있는 힘
  을 준다. 여기에 윤리는 신뢰와 존중을 쌓는 기본이 된다. 바
  른 생각이 이 세 가지 요소를 하나로 묶어 시너지 효과를 만들
  어낼 때, 직장에서 개인의 성장은 물론 팀과 조직의 성공까지
  이끌어낼 수 있다.

좋은 아이디어를 현실로!
MZ세대에 필요한 구체화 기술

|

⑨

    MZ세대가 성공하려면 단순히 올바른 생각에 머물지 않고 이를 현실로 바꾸기 위한 구체화와 전달력이 필요하다. 일본 기업에서 오래 근무하며 느낀 바, 형식과 체계가 중요한 환경에서 살아남기 위해서는 명확한 표현력과 자료 작성 능력이 필수였다. 특히 일본 기업은 대부분의 업무가 서류나 이메일로 소통되며 정보는 철저히 문서로 기록되어야 했다. 따라서 아이디어를 시각적으로 표현하고, 설득력 있게 문서화하여 타인의 공감을 얻는 기술이 매우 중요했다. 훌륭한 아이디어도 혼자만의 생각에 그친다면 의미가 퇴색될 수 있다.

    내가 전문 서적을 많이 읽고 여러 기술을 익혔던 것도 혼자만의 생각을 설득력 있는 문서로 시각화하기 위해서였다. 일본 기업에서 의사소통의 핵심은 직접 대화가 아닌 서류를 통해 상대방에게 자신의 생각을 명확히 전달하는 데 있었다. 이는 아이디어를 구체적으로 보여주고 설득하는 기술이기도 하다. 그렇다고 해서 자료가 화려하거나 시간을 들여서 만드는 것이 아니다. 간결하면서도 상대방에게 전달이 잘 되도록 내용을 구성하는 것이 더 중요하다.

생각을 실현 가능한 계획으로 전환하기 위해서는 시각화 기술과 설득력이 결합되어야 한다. 일본 기업은 보고서로 회사 운영이 이루어졌고, 직접 소통할 때조차 상대방의 집중을 기대하기 어렵기 때문에 철저하게 기록이 남는 서류와 이메일을 통해 정보를 공유하고 설득하는 것이 필수적이었다. MZ세대가 아이디어를 구체화하고 전달하는 능력을 키워야 하는 이유는 바로 여기에 있다. 아무리 좋은 생각이라도 설득력 있는 문서와 자료 없이는 실행되기 어렵다.

또한, 일본 기업의 문화는 매우 보수적이어서 변화를 쉽게 수용하지 않았다. 내가 근무했던 회사는 100년의 역사와 6조 원에 달하는 매출, 기초소재 산업을 주력으로 삼고 있는 전형적인 보수 기업이었다. 이런 보수적인 환경에서 살아남기 위해 다양한 분야의 서적을 읽고 새로운 아이디어와 기술을 나의 업무에 적용해 왔다. MZ세대 역시 빠르게 변화하는 환경에서 성공하기 위해서는 자신이 가진 아이디어를 현실로 바꿀 수 있도록 구체화하고 설득하는 능력이 필수적이다.

성공에 가까워지기 위해서는 논리적 사고와 함께 다른 사람들이 쉽게 이해할 수 있도록 소통과 표현 능력을 갖추는 것이 중요하다. 회사 생활은 정보와 보고가 핵심이다. 업무 정보를 정리하여 상부에 전달하는 보고서가 회사 운영의 중요한 역할을 하며, 이를 통해 의사결정이 이루어지기 때문이다. 이처럼 명확한 자료 작성과 소통 능력은 MZ세대가 아이디어를 구체적으로 보여주고 공감을 이끌어낼 수 있는 방법이 된다.

결국, 성공의 열쇠는 올바른 사고와 이를 효과적으로 표현하고 실행하는 능력의 결합에 있다. MZ세대는 빠르게 변화하는 시대에서 주도적인 역할을 하기 위해 자신의 생각을 구체화하고 설득력 있게 표현하여 타인의 협력을 이끌어내야 한다. 특히, 자신의 생각을 명확하게 전달함으로써 주변의 공감을 얻을 때, 아이디어는 현실로 바뀌고 구체적인 성과로 이어질 수 있다.

---

⑨ 꼰대공식

- 공식: 인정받기 = 좋은 생각 + 보고능력
- 설명: 직장에서 인정받기 위해서는 단순히 좋은 생각을 가지는 것을 넘어 이를 효과적으로 전달하는 능력이 필수적이다. 좋은 생각은 창의적이고 논리적인 사고를 바탕으로 문제를 해결하거나 새로운 가치를 제안하는 힘이다. 하지만 아무리 뛰어난 아이디어라도 제대로 표현되지 않으면 빛을 발하기 어렵다. 그래서 자신의 생각을 명확하고 설득력 있게 문서화하거나 발표로 전달할 수 있어야 한다.

조금 더 일찍, 조금 더 철저히!
사소한 차이의 힘

|

10

모두가 일을 잘하고 싶어 하고, 성공하여 많은 돈을 벌고 싶어 한다. 그러나 이를 이루기 위해 거창한 방법이 필요한 것은 아니다. 오히려 사소한 차이가 큰 변화를 만든다. 나는 일본 기업에서 외국인으로서 적응하기 위해 사소하지만 지속적인 노력을 기울였다. 매일 30분 일찍 출근하고, 퇴근은 30분 늦게 하며 시간을 투자했고, 일본 동료들보다 일본어 보고서를 더 잘 쓰기 위해 각별히 신경을 썼다. 한국 지사장이 되고 나서는 일일보고서와 주간보고서를 다음 날 오전까지 본사에 보고하는 원칙을 철저히 지켰다. 이 작은 습관들이 쌓여 나를 차별화하고 신뢰를 쌓는 중요한 요소가 되었다.

우리나라에서 가장 높은 산은 한라산이다. 두 번째로 높은 산이 지리산이지만, 한라산과 높이 차이는 불과 몇십 미터에 불과하다. 그러나 이 작은 차이가 지명도에서 큰 격차를 만든다. 이처럼 첫 번째와 두 번째의 차이는 미묘할 수 있지만, 그로 인한 인지도 차이는 상당히 다르다. 작은 차이를 만들기 위해 매일 조금씩 더 노력하면 자연스럽게 신뢰와 인정이 쌓이게 된다. 일본 기업은 형식과 체계를 중시해, 하루라도 일상적인 보고를 어기면 신뢰를 잃기 쉬웠다.

이 원리는 일상 속에서 최고가 되고자 할 때도 동일하게 적용된다. 예를 들어, 한국에서 가장 높은 곳에 서고 싶다면 한라산 정상에 올라가면 된다. 하지만 그 정상에 오른 수많은 등반객 중 가장 높은 위치에 서고 싶다면 어떻게 해야 할까? 방법은 간단하다. 1미터 정도 되는 작은 삼각사다리를 준비해 정상에서 그 위에 올라서는 것이다. 이 사소한 행동이 바로 큰 변화를 만들어낸다. 매일 조금 더 일찍 출근하고 보고의 정확성을 철저히 유지하며 작은 차이를 만들어낸 내 경험도 그러했다. 이러한 노력이 쌓이면서 업무에서 신뢰를 얻고 업무 효율도 높아졌다.

일상에서도 이와 같은 원리가 적용된다. 사소한 행동이라도 꾸준히, 성실히 해내면 결국 큰 성과를 얻게 된다. 일본 회사 문화는 매일 같은 루틴을 반복하면서 작은 변화에 신경을 쓰는 것이 중요한 원칙이었다. 많은 사람들이 일상의 반복 속에서 지루함을 느끼고 작은 노력의 힘을 과소평가하기 쉽다. 그러나 이러한 작은 변화와 지속적인 노력을 통해 지루함을 성취감으로 바꿀 수 있다.

일본은 배려심이 깊어 상대방의 시간도 소중히 여기며, 비즈니스에서는 간결함을 중요시한다. 나 역시 보고서를 A4 한 장으로 작성해야 했고, 처음에는 적응하기 어려웠지만 점차 핵심만 간결하게 전달하는 법을 배웠다. 상대방이 이해하기 쉽도록 표현을 다듬고 불필요한 내용을 줄이는 노력을 통해 의사소통이 훨씬 효율적으로 이루어졌다. 이러한 문서화 과정을 철저히 준수하며 작은 차이가 큰 성과로 이어질 수 있다는 것을 경험했다.

MZ세대에게 전하고 싶은 메시지는 바로 이것이다. 지금 당장 할 수 있는 작은 변화부터 시작하라. 사소한 차이를 만드는 습관이 결국 성공으로 이끈다. 일상의 작은 차이를 소홀히 여기지 말고 그 힘을 믿어라. 작은 노력이 쌓여 더 나은 미래를 만들고, 작은 변화가 큰 성과로 이어질 수 있음을 명심하라. 큰 성공은 결국 이러한 작은 행동들의 꾸준한 누적에서 나온다.

결국, 성공은 단순히 거대한 목표를 한 번에 이루는 것이 아니라, 일상의 작은 차이와 변화에서 출발한다. 회사나 상사가 나를 신뢰하게 되면 내가 제안하는 작은 아이디어 하나에도 귀를 기울이기 시작할 것이다. 작은 노력과 차이가 쌓일 때 나만의 자리와 신뢰가 생기고, 이를 통해 더 많은 기회와 영향력을 얻게 된다. 일상의 작은 차이들이 미래를 바꿀 수 있다는 점을 잊지 말고, 꾸준히 노력하는 자세를 유지한다면 누구든지 원하는 목표에 가까워질 수 있다.

🎲 꼰대공식

• 공식: 최고되기 = 작은 행동 + 지속노력

• 설명: 최고가 되기 위해서는 사소한 행동 하나하나가 중요하다. 작은 차이를 꾸준히 유지하고 지속적인 노력을 기울이면 큰 성과로 이어질 수 있다. 매일의 작은 습관과 반복적인 노력이 축적되어 결국 탁월한 결과를 만들어낸다. 최고가 되기 위해서는 목표를 향한 지속적인 열정과 끈기가 필요하며, 실패를 두려워하지 않고 끊임없이 개선해 나가는 자세가 중요하다. 이러한 지속적인 노력이 성장을 이루고, 최고의 위치에 오르는 길을 열어준다.

학벌을 뛰어넘는 진짜 성공의 조건

사회 초년생에게 전하고 싶은 것 중 하나는 학벌에 대한 생각을 바꾸라는 것이다. 이제는 좋은 대학을 나왔다는 이유로 우월감을 가질 필요가 없다. 동시에, 인지도가 낮은 대학을 나왔거나 대학을 못 나왔다고 해서 열등감을 가질 필요도 없다. 학벌이 무시될 수는 없지만, 성공의 필수조건은 아니다. 실제로 학벌 없이도 성공한 사람들은 주위에 많다.

예전처럼 학벌과 스펙만으로 높은 연봉을 받는 시대는 끝났다. 학벌이 좋지 않더라도 회사에서 성과를 내고 인정받는 사람은 충분히 많다. 일의 성과는 학력과 무관하다는 사실을 명확히 알아야 한다. 학벌만으로 사회에서 성공할 수 있다는 생각은 이제 버려야 한다. 성과를 내는 능력, 문제 해결력, 그리고 끊임없이 배우려는 자세가 더 중요한 시대다. MZ세대가 가져야 할 자세는 학벌이 아니라, 자신만의 능력과 경험을 키우는 것이다.

위대한 꼰대가 알려주는
MZ 직장 생존법

2

성공을 함께하는 사람들

타고난 능력만으로는 부족하다
시련과 멘토의 역할

성공을 이루기 위해서는 자신을 깊이 이해하는 것이 가장 중요하다. 자기 자신을 아는 것이 모든 성장과 성공의 출발점이기 때문이다. 이를 바탕으로 우리는 더 나은 선택을 하고, 올바른 방향으로 나아갈 수 있다. 자기 자신을 이해하려면 세 가지를 살펴봐야 한다.

첫째, 타고난 능력
둘째, 시련 경험
셋째, 멘토의 조언

이 세 가지 요소는 서로 연결되어 개인의 성장과 성공을 더욱 단단하게 만들어준다.
첫째, 타고난 능력은 개인이 통제할 수 없는 선천적인 요소다. 누군가는 뛰어난 재능을 가지고 태어나고, 또 누군가는 그렇지 않다. 하지만 MZ세대가 주목해야 할 점은 타고난 능력에 얽매일 필요가 없다는 것이다. 능력의 차이는 존재하지만, 그것이 우리의 성장을 가로막는 절대적인 한계는 아니다. 중요한 것은 그 이후의 과정, 즉 자신의 노력과 태도에 따라 충분히 성장하고 더 나아질 수 있다는 믿음이다.

둘째, 시련은 누구나 겪게 되는 성장의 과정이다. 시련을 어떻게 받아들이고 극복하느냐에 따라 개인의 성장은 크게 달라진다. 시련은 단순히 어려움이 아니라 자신을 돌아보고 부족한 점을 채울 기회가 되기 때문이다. 이 과정을 통해 우리는 문제 해결 능력을 키우고, 더 강한 정신력과 끈기를 갖추게 된다.

셋째, 멘토의 존재는 개인의 재능과 성장을 연결해 주는 핵심 요소다. 아무리 뛰어난 재능을 타고났더라도 적절한 멘토를 만나지 못하면 그 재능은 빛을 발하지 못할 수 있다. 따라서 MZ세대는 타고난 소질이나 주어진 환경에 집착하기보다는 시련을 극복하는 과정에서 멘토를 통해 성장하는 법을 고민해야 한다. 멘토와 함께 한다면 더 큰 성장을 이룰 수 있을 것이다.

내가 일본 기업에서 경험한 멘토와의 관계는 나에게 큰 영향을 주었다. 그중에서도 I 상사는 내게 큰 변화를 가져다준 멘토였다. 내가 그분을 처음 만났을 때 이미 임원급의 인물이셨는데, 항상 인자한 표정으로 사람을 대했다. 말투와 손짓, 옷차림, 행동 하나하나마저 여유와 절도가 있었다. 나는 그분께 기본부터 배우는 기회를 얻었다. 간단한 표 만들기부터 심플하고 명확한 자료로 상급자에게 보고하는 요령까지 매우 철저하게 지도해 주셨다.

그때 나는 멘토의 중요성을 실감하게 되었다. 나는 그분을 무조건 따라하며, 더 효율적인 방법을 찾으려고 노력했다. 그렇게 멘토를 따라하면서 내가 발전할 수 있는 기회가 생겼고, 그 결과 독창적인 아이디어들이 나오게 되었다. 이런한 경험을 하면서 내가 얻은 교훈은, 멘토의 존재가 내 성장과 성공에 필수적인 역할을 한다는 것이다.

결국, MZ세대가 진정으로 추구해야 할 것은 '내가 누구인가'에 대한 깊은 이해와, 그 과정에서 마주하는 시련을 지혜롭게 극복하는 능력이다. 멘토는 단순히 조언을 주는 사람이 아니라, 나와 함께 성장할 수 있는 동반자다. MZ세대는 자신에게 맞는 멘토를 찾아 그들에게 도움받으며, 시련을 극복하고 성공적인 사회생활을 이어가길 바란다.

- 공식: 자아성장 = 타고난 능력 + (시련경험 + 멘토조언)
- 설명: 타고난 능력은 분명 개인이 가진 강점이지만, 그것만으로는 충분하지 않다. 진정한 성장은 어려운 시련을 겪으며 단단해지는 과정에서 이루어진다. 하지만 더 중요한 것은, 경험 많은 멘토의 지혜와 조언이 올바른 방향을 제시해 준다는 점이다. 결국 타고난 재능, 시련을 통한 성장, 그리고 멘토의 가르침이라는 이 세 가지가 우리의 자아를 형성하는 데 결정적인 역할을 한다.

멘토는
많으면 많을수록 좋다

|

12

일본 기업에서 다양한 업무를 경험했다는 것은 여러 상사들과 함께 일할 기회가 있었다는 것을 의미한다. 그중에는 어려운 상사도 있었지만, 나의 멘토가 되어준 상사들도 많았다. 그들의 말투와 행동은 나에게 큰 영향을 미쳤고, 나는 그들을 흉내 내며 성장하고자 했다. 행동을 바꾸면 습관이 되고, 그 습관은 결국 내 삶을 바꾸는 힘이 된다.

여러 멘토에게 받은 긍정적 영향은 내 경력과 삶에 큰 변화를 가져왔다. 한 명의 멘토보다 여러 멘토를 두는 것이 훨씬 중요하다는 것도 깨달았다. 그들의 조언과 행동을 보고 배우면서, 나는 문제를 해결하는 방법, 사람을 대하는 방식, 그리고 조직 내에서 어떻게 리더십을 발휘해야 하는지를 배웠다. 그들의 경험과 지혜를 내 삶에 적용하면서, 점차 더 나은 방향으로 변화할 수 있었다. 다양한 사람들과 교류하면서 얻는 지식과 경험은 그 어떤 책이나 강의보다 값진 자산이 된다.

멘토는 많으면 많을수록 좋다. 주변에 멘토가 없다면, 성장할 기회가 적다는 것을 의미한다. 우리가 식물을 키우기 위해서는 토양, 물, 빛이 필요하다. 사람도 마찬가지다. 우리는 열심히 공부하고 노력해서 좋은 직장에서 일하려고 한다. 즉, 내가 성장할 수 있는 좋은 환경을 찾아야 한다. 그래야 좋은 정보도 얻을 수 있다. 여기서 환경은 토양이고 정보는 물에 해당한다고 할 수 있다. 그런데 식물을 키우는 데 가장 중요한 것은 빛이다. 빛은 무엇일까? 바로 멘토이다. 멘토는 내 성장에 큰 영향을 미치며, 내가 나아갈 방향을 제시해 주는 존재다.

좋은 직장에 들어가도 나를 성장시켜 줄 멘토가 있느냐 없느냐에 따라 나의 성장 속도와 방향이 달라진다. 직장을 선택할 때 중요한 것은 내가 성장할 수 있는 멘토가 있는지, 그리고 그 멘토에게 배울 수 있는 환경이 마련되어 있는지를 살펴보는 것이다. 확실한 멘토만 있다면, 작은 중소기업이든 연봉이 적은 직장이라도 도전해 볼 가치가 있다. 멘토의 조언과 경험은 직장 내에서 내 성장을 가속화시키며, 나를 한 단계 높은 위치로 이끌어 준다.

많은 멘토가 필요한 이유는 세상과 끊임없이 교류하며 얻는 지식과 통찰이 중요하기 때문이다. 나이가 들수록 우리는 스스로의 경험에 의존하기 쉽지만, 계속해서 배우려는 자세를 유지해야 한다. 특히 젊을 때는 적극적으로 배움을 추구하는 것이 필요하다. 세상은 빠르게 변하고 있으며, 이 변화를 따라잡기 위해서는 끊임없는 호기심과 배우려는 욕구가 필수적이다.

인터넷의 발전으로 지식과 정보를 얻는 것이 그 어느 때보다 쉬워졌다. 하지만 인터넷에서 얻는 정보는 종종 특정 관점에 치우치기 쉽고,

편향된 시각을 형성할 위험이 있다. 반면, 사람들과 대화하면서 얻는 지식은 훨씬 더 깊고, 다양한 관점을 제공한다. 멘토와의 교류는 단순한 지식을 넘어선 통찰을 얻게 해주며, 문제를 해결할 때 더 유연하고 넓은 시야를 갖게 해준다.

MZ세대는 이 점을 명심해야 한다. 지식과 경험은 단순히 정보를 많이 아는 것에 그치지 않는다. 중요한 것은 사람들과 소통하고 교류하면서 얻는 실질적인 경험이다. 다양한 멘토로부터 배우고자 하는 열린 마음을 가지면, 그 어떤 정보보다도 깊고 실용적인 지혜를 얻을 수 있을 것이다. 여러 멘토와 관계를 맺으며 얻게 되는 경험은 우리가 직면한 문제를 해결하고, 더 나은 미래로 나아가는 데 큰 힘이 된다.

⬛12 꼰대공식

- 공식: 인격성장 = (정보 + 환경) + 멘토^2
- 설명: 인격성장을 위해서는 좋은 정보를 얻고, 스스로 성장할 수 있는 환경을 찾아야 한다. 정보는 새로운 지식과 경험을 제공하며, 환경은 그 정보를 제대로 활용할 수 있는 기반이 된다. 이 두 가지를 갖추면, 인생을 바꿀 위대한 멘토를 만날 가능성도 커진다. 멘토는 단순히 조언하는 사람이 아니라 개인이 가진 잠재력을 최대로 끌어올려 줄 수 있는 존재다. 결국, 좋은 정보와 올바른 환경, 그리고 다양한 멘토의 가르침이 조화를 이룰 때 인격성장은 더욱 깊어지고 완성된다.

멘토를 찾아라,
그들이 당신의 성공을 이끈다

|

13

멘토가 있으면 직장에서 큰 도움이 된다. 멘토는 단순히 조언을 주는 사람이 아니라 이상적인 롤모델이자 존경할 수 있는 존재로, 정신적인 지지와 방향성을 제시해 주는 스승과 같은 역할을 한다. 멘토가 있으면 일에서 고민이 생기거나 길을 잃었을 때 중요한 길잡이가 되어준다. 이는 개인의 직업적 성장뿐만 아니라 인생 전반에 걸쳐 긍정적인 영향을 미친다.

내가 처음 배치된 자동차기술부에서 멘토들에게 엑셀 작업부터 비즈니스 문화, 고객을 대하는 태도 등을 배웠다. 당시 나는 일본 기업에 입사해 나이가 들어가면서 무엇을 할 수 있을지 많은 고민을 하고 있었다. 그때 주변 멘토들의 일하는 모습을 보면서 일본 조직에서 살아남고 성장할 수 있겠다는 큰 용기를 얻게 되었다. 멘토들은 나에게 실질적인 업무 능력을 넘어 문화적 이해와 적응력을 길러주었고, 이는 나의 자신감을 높이는 데 큰 역할을 했다.

멘토는 직장 생활뿐만 아니라 인생의 방향을 잡아주고, 어려운 순간에 힘이 되어주는 중요한 존재이다. 일을 하면서 멘토를 갖는 것은 매우 중요하다. 멘토는 단순히 문제 해결을 위한 조언자가 아니라, 스스로 더 나은 길을 선택할 수 있도록 돕는 인생의 길잡이 역할을 한다. 예를 들어, 경력 전환을 고민할 때나 직장에서 예상치 못한 어려움에 직면했을 때, 멘토는 경험을 바탕으로 현실적인 조언을 제공하고, 감정적으로도 지지해 준다. 이는 개인이 스스로 결정을 내릴 때 더 명확하고 자신감 있게 행동할 수 있도록 도와준다.

하지만 주변에 적절한 멘토가 없는 경우도 있다. 이럴 때는 회사 밖에서 멘토를 찾아보는 것도 좋은 방법이다. 예를 들어, 관련 분야에서 주최하는 모임이나 강연에 적극적으로 참여하면 경험이 풍부한 전문가를 만날 수 있다. 또한, 대면하지 않더라도 '위대한 꼰대' 같은 콘텐츠를 통해 온라인에서 SNS로 소통하며 멘토링의 기회를 얻을 수 있다.

멘토와의 관계는 일방적인 것이 아니라 상호적인 것이다. 멘토는 자신의 경험과 지식을 공유하면서도, 멘티로부터 새로운 시각과 아이디어를 얻기도 한다. 이러한 상호작용은 양쪽 모두에게 성장의 기회를 제공하며, 조직 내에서 더 나은 협업과 이해를 가능하게 한다. 멘토링으로 형성된 신뢰와 존경은 팀워크를 강화하고, 조직 전체의 성과 향상에 기여할 수 있다. 따라서 멘토를 찾는 과정은 단순히 상사의 권위를 따르는 것이 아니라 진정으로 존경하고 배울 수 있는 인물을 선택하는 것이 중요하다. 이는 자신의 목표와 가치관에 부합하는 멘토를 찾는 것을 의미하며, 멘토와 지속적으로 소통하고 관계를 유지하면서 이루어진다.

결론적으로, 멘토와 관계를 맺는 것은 개인의 성공과 조직의 발전에 필수적인 요소이다. 멘토는 직장 문제뿐만 아니라 인생의 중요한 결정을 내리는 데 있어 귀중한 조언자이자 지지자가 된다. 멘토와 함께할 때 우리는 더 나은 방향으로 성장할 수 있으며, 성공적인 사회생활을 해나갈 수 있음을 기억하자.

🗐 꼰대공식

- 공식: 멘토링 = 개인성공 + 조직발전
- 설명: 멘토링은 개인의 성공과 조직의 발전에 동시에 기여한다. 멘토는 경험과 지식을 공유하며 멘티의 역량 강화를 도와 개인의 목표 달성을 촉진한다. 이를 통해 멘티는 자신감을 얻고 직무 능력을 향상시켜 성공을 거둘 수 있다. 동시에, 멘토링은 조직 내 인재 육성을 통해 전체적인 성과와 효율성을 높이며, 긍정적인 조직 문화를 형성한다.

대화 이상의 네트워킹
이메일로 구축한 강력한 정보 흐름

|

14

우리가 흔히 네트워킹을 얘기하면 사람과 사람이 직접 대화를 나누는 것을 떠올리곤 한다. 그러나 이는 큰 착각일 수 있다. 대화를 하거나 발표를 할 때 우리가 얼마나 집중해 듣고 이해하며, 얼마나 많은 정보를 머리에 입력하는지 생각해 본 적이 있는가? 나는 과장해서 말하면 그 비율이 10% 정도에 불과하다고 본다. 사람들은 본인이 관심 있는 내용만 듣고, 그 외에는 거의 무심코 지나치기 때문이다. 그러므로 상사나 동료에게 전달했다고 해서 그 내용이 완전히 전달되었다고 착각해서는 안 된다.

일본 기업에서 내가 철저히 배운 점 중 하나는 바로 이메일을 통한 네트워킹이었다. 일본에서는 내가 작성하는 보고서가 회장님을 비롯한 임원들, 그리고 관련자들까지 약 30~40명 이상에게 전달된다. 그리고 중요도가 높은 보고서일 경우, 각기 다른 부서의 직원들이 회신을 하며 서로의 의견을 주고받는다. 그 회신에 또 다른 회신이 계속해서 반복되며, 관련자들은 모든 정보와 진행 상황을 공유하게 된다. 이처럼 바쁜 사람들이 모일 필요도 없이 문장으로 네트워킹하며, 모든 것이 기록으로 남아 언제든지 확인할 수 있다는 점에서 시간과 공간을 넘어선다는 장점이 있다. 이는 훗날 다시 참고할 수 있고, 그때그때의 진행 상황을 확인하는 데 유용하다.

네트워킹은 단순히 사람들의 대화나 모임에서 이루어지는 것이 아니라, 그 과정에서 발생하는 기록과 정보의 흐름을 통해 더 효과적으로 이루어진다. 직접 대화를 나누는 것보다, 체계적으로 정리된 문서나 이메일을 통해 상대방이 필요로 하는 정보를 전달하고 피드백을 주고받는 방식이 더 효율적일 수 있다.

이러한 방식을 배우면서 나는 기본적인 네트워킹은 내가 전달하고자 하는 정보를 명확하게 정리하고 전달하는 것에서 시작된다는 점을 깨달았다. 이메일을 통한 네트워킹은 단지 전달만 하는 것이 아니라, 중요한 정보를 각기 다른 사람들에게 명확하게 공유하고, 필요한 의견을 얻어가는 중요한 도구가 된다. 또한, 정보를 명확히 전달하고 피드백을 주고받는 과정에서 나의 사고방식도 더 발전하고, 문제 해결 능력도 향상될 수 있었다.

이 경험은 단순히 업무에 그치지 않고, 나의 성장에도 큰 영향을 미쳤다. 성공한 사람들과 네트워킹하는 것은 단순히 조언을 얻는 것을 넘어, 그 사람들의 경험을 통해 내가 어떤 방식으로 성장할 수 있을지를 배우는 과정이기 때문이다. 멘토들이 남긴 글이나 피드백을 이메일로 받았을 때, 그 내용은 단순한 정보가 아니라 나를 성장시키는 중요한 자산이 되었다. 성공적인 네트워킹은 정보의 흐름을 명확하게 하고, 그 속에서 내가 얻어야 할 것을 분명히 파악하는 과정이다.

따라서 네트워킹은 사람과의 대면 대화만이 아니라, 문서로 이루어지는 정보 공유와 피드백을 통해 더 강력하고 효율적으로 이루어질 수 있다. 이런 네트워킹은 언제든지 필요한 정보를 확인하고, 과거의 교훈을 되새길 수 있는 기회를 제공한다. 정보를 명확히 전달하고 그에 관한 피드백을 적극적으로 받아들인다면 지속적으로 성장하는 네트워킹을 할 수 있을 것이다.

🗄 꼰대공식

- 공식: 네트워킹 = 직접대화(10%) + 서면기록(90%)
- 설명: 네트워킹은 직접대화와 서면기록으로 나눌 수 있다. 직접대화는 상대방이 모든 내용을 집중해서 듣지 않기 때문에 정보 전달에 한계가 있을 수 있다. 반면, 서면기록인 이메일과 보고서는 중요한 정보를 명확하게 전달하고 기록으로 남겨 후속 조치나 참고가 가능하다. 특히 회사 내에서는 이메일과 보고서를 활용하면 여러 사람과 효율적으로 소통하고, 시간과 공간을 초월해 네트워킹을 지속할 수 있다.

인생을 바꾸는 2가지 핵심 요소
사람과 환경의 힘

|

15

인생을 바꾸고 싶다면 두 가지 핵심 요소에 집중하는 것이 중요하다. 많은 사람들이 변화가 필요하다고 느끼지만, 어디서부터 시작해야 할지 몰라 어려움을 겪는다. 그러나 진정한 변화는 주변 사람들과 환경을 바꾸는 것에서 시작된다.

나는 일본 기업에서 일찌감치 임원들과 함께 일할 기회를 얻었다. 그중에서도 특히 회장님과의 경험은 내게 큰 교훈을 주었다. 회장님은 새벽 3시 반에 일어나 일을 시작하시며, 자택에서 업무를 마친 후 아침 7시에 회사로 출근하시곤 했다. 그는 항상 끝없이 열정을 쏟아 일하셨는데, 나는 그 모습을 보며 사람과 환경이 얼마나 중요한지를 깨달았다. 특히 회장님은 어떤 상황에서도 꾸준한 노력을 멈추지 않았고, 나 역시 그 환경에서 더 나은 방향으로 나아갈 수 있었다.

하지만 스스로 환경을 바꾸기 위한 도전 또한 필요하다는 것을 깨달았다. 나는 일본식 비즈니스 문화와 그 속의 규칙에 너무 얽매여 있다는 한계를 느꼈다. 그래서 나는 일본 내에서만 머물며 일하는 한계를 뛰어넘어 글로벌한 시각을 키우기 위해 미국주재원으로 가기로 결심했다. 그 당시, 회장님께 한국 사업에 대한 보고를 마친 후 "앞으로 하고 싶은 일이 무엇인가?"라고 물으셨을 때, 나는 주저하지 않고 말했다. "회장님, 저를 미국으로 보내주십시오. 일본에만 있으면 항상 일본식 비즈니스만 하게 됩니다. 미국의 비즈니스 문화를 배워야만 우리 회사의 미래를 준비할 수 있습니다." 그 순간 나는 미국 주재원이라는 목표를 확고히 결심하고, 그 환경을 바꾸기 위한 첫 발걸음을 내디뎠다.

그 자리에서 바로 회장님은 나를 미국에 보내기로 결정하셨고, 두 달 후 나는 뉴저지에 도착했다. 이처럼 스스로 환경을 바꾸고 그 안에서 새로운 사람들과 만나면서 내 삶은 한층 더 발전하게 되었다. 새로운 환경에서 얻은 다양한 시각과 경험은 내가 일본의 업무 방식에 갇혀 있던 시각을 확장시켰고, 더 넓은 세계로 나아갈 수 있게 해주었다.

변화를 원하는 사람이라면, 첫 번째로 가장 많은 시간을 보내는 사람들을 변화시켜야 한다. "주변의 5명과 비슷한 인생을 산다"라는 말이 있듯이, 주위 사람들은 나의 가치관과 행동에 큰 영향을 미친다. 내가 긍정적이고 도전적인 사람들과 시간을 보내면, 나도 그들의 사고방식에 영향을 받아 긍정적으로 변화할 수 있다. 두 번째로 중요한 요소는 환경의 변화이다. 새로운 환경은 새로운 기회를 가져오며, 내가 살아가는 방식을 바꿀 수 있다. 예를 들어, 미국에서의 경험은 내가 글로벌 비즈니스 문화를 직접 경험할 수 있는 기회를 제공했으며,

이는 내 커리어의 큰 전환점이 되었다.

환경과 사람은 성장에 큰 영향을 준다. 긍정적이고 도전적인 사람들과 함께하며 삶의 변화를 경험했고, 그 결과 더 넓은 시야와 나은 삶을 얻을 수 있었다. 현재에 안주하지 말고 새로운 환경과 사람들을 통해 스스로를 성장시킬 기회를 찾아보는 것이 중요하다. 변화는 두려운 게 아니라 더 나은 내일로 가는 첫걸음이 될 수 있다.

🗒️ 꼰대공식

- 공식: 인생변화 = 사람선택 + 환경선택
- 설명: 사람과 환경을 선택하는 것이 인생을 변화시키는 중요한 열쇠다. 사람선택은 내가 어떤 사람들과 함께 시간을 보내느냐에 따라 내 사고방식, 가치관, 행동이 영향을 받는다는 의미이다. 긍정적이고 도전적인 사람들과 함께하면 나 역시 성장할 수 있다. 환경선택은 내가 처한 환경 또한 나의 행동과 사고에 큰 영향을 미친다는 뜻이다. 새로운 환경에 자신을 놓으면 더 많은 기회와 자극을 받아 변화할 수 있다.

4단계로 배우는
사람 이해와 인간관계 강화법

|

사람을 잘 파악하는 능력은 타고나는 것이 아니라, 경험과 훈련을 통해 습득할 수 있는 기술이다. 특히 MZ세대가 이 능력을 키우기 위해 실천할 수 있는 네 가지 단계를 소개하고자 한다. 이 단계를 꾸준히 실행하면 사람을 더 잘 이해할 수 있을 뿐 아니라, 더 나은 인간관계를 형성하는 데 큰 도움이 될 것이다.

첫 번째 단계는 다양한 사람을 만나는 것이다. 다양한 배경과 직업, 사고방식을 가진 사람들과의 만남은 사람에 대한 이해의 폭을 넓혀준다. 일본 기업에서 근무하며 여러 임원들과 함께 일할 기회가 많았고, 면접관으로서도 다양한 채용박람회에 참가하여 많은 지원자들을 평가할 수 있었다. 특히 대표적인 경험은 미국 주재원 시절 참가한 보스턴 커리어 포럼Boston Career Forum에서 다양한 해외 인재들과 소통한 것이다. 이 박람회는 일본어와 영어를 구사하는 인재를 대상으로 하는 세계 최대 규모의 일본 기업 채용박람회로, 일본과 글로벌 기업들이 참가해 해외 취업을 꿈꾸는 이들에게 좋은 기회를 제공한다. 다양한 지원자를 만나며 사람을 파악하는 능력을 자연스럽게 키울 수 있었고, 지원자가 걸어오는 모습, 복장, 손짓, 목소리 등으로 단 몇 초 만에 채용 가능성도 가늠할 수 있는 시간이었다. 다양한 관점과 사고방식을 접할수록 사람을 보는 능력도 강화된다.

두 번째 단계는 사람의 장점에 집중하는 것이다. 사람을 평가할 때 단점보다 장점을 먼저 찾아보는 습관을 들이는 것이 중요하다. 누구에게나 특별한 장점이 있으며, 이를 발견하는 능력은 인간관계를 긍정적으로 이끄는 중요한 요소가 된다. 면접에서도 단순히 스펙이나 겉모습이 아닌, 지원자 각자의 독특한 장점을 찾기 위해 노력했다. 상대방의 장점을 먼저 보는 습관은 자연스럽게 그들을 긍정적으로 바라보게 하고, 그들의 진정한 가치를 파악하는 데 큰 도움이 된다. 이러한 과정은 인간관계를 더욱 건강하게 만들어주며, 상대방에 대한 이해도 또한 깊어진다.

세 번째 단계는 진솔한 대화를 나누는 것이다. 상대방에게 마음을 열고 진정성 있는 대화를 나누면 상대도 자연스럽게 마음을 연다. 면접에서도 짧은 시간이지만 진심 어린 대화를 통해 상대방의 생각과 감정을 이해하고자 했다. 이런 대화는 관계를 더 깊고 진실되게 만들어주며, 신뢰를 쌓는 기반이 된다.

네 번째 단계는 사람을 돕는 것이다. 사람을 돕는다는 것은 단순한 친절을 넘어서, 상대방의 필요를 파악하고 적절한 도움을 제공하는 것을 의미한다. 도움을 주는 과정에서 상대방의 진짜 성격과 본질을 더 잘 파악할 수 있으며, 이는 관계를 더욱 깊게 한다. 나 역시 업무 중 만난 동료들의 필요를 살피고 적극적으로 돕는 경험을 통해 인간관계를 쌓고 신뢰를 얻을 수 있었다.

이 네 가지 단계를 꾸준히 실천하면 사람을 파악하는 눈이 생기고, 더 나은 인간관계를 형성할 수 있다. 사람을 이해하고, 그들의 장점을 발견하며, 진심으로 대화하고 도움을 주는 이 과정은 인간관계를 더욱 단단하게 만들어준다. MZ세대가 이 단계를 통해 성장하며, 직장 생활에서 성공적인 인간관계를 쌓아가기를 바란다.

---

⑯ 꼰대공식

- **공식**: 통찰능력
  = 넓은 교류 + 장점발견 + 공감대화 + 도움제공
- **설명**: 통찰력은 반복적인 경험과 실천을 통해 길러진다. 우선, 다양한 배경과 관점을 가진 사람들과 교류하며 시야를 넓힌다. 그러면서 타인의 강점을 발견하고 이를 바탕으로 긍정적인 관계를 형성한다. 깊이 있는 대화를 나누며 상대방의 감정과 생각을 이해하는 과정도 중요하다. 그리고 진심 어린 도움을 주며 신뢰를 쌓아가다 보면 관계는 더욱 단단해진다. 이러한 과정을 계속해서 반복할수록 사람을 보는 안목이 넓어지고, 자연스럽게 통찰력이 길러진다.

이직 고민 끝내는
인간관계 형성의 핵심 원칙

|

17

요즘 사회 초년생들이 이직을 자주 하는 이유 중 하나는 인간관계 때문이다. 직장 생활에서 인간관계는 직무 만족도와 행복에 큰 영향을 미친다. 인간관계가 원만하면 직장에 오래 머무를 가능성이 높고, 이는 개인의 직장 생활뿐 아니라 인생 전반에도 긍정적인 영향을 미친다. 그렇다면, 어떻게 좋은 인간관계를 형성할 수 있을까?

사회 초년 시절 나 역시 이직을 고민했던 적이 있다. 입사 3년 차였던 당시, 매일 제품을 만들고 보고서를 작성하며 고객사인 토요타에 가서 보고를 했다. 보고라기보다는, 거의 매번 지적을 받고 돌아오는 날이 많았다. 사회 초년생에 불과한 내게 15년 차 베테랑 계장의 수준을 따라가는 일은 결코 쉬운 일이 아니었다. 지적받은 내용을 회사에 돌아와 다시 정리하고 상사에게 보고하는 일이 3년간 반복되었고, 점차 한계를 느끼며 이직을 진지하게 고민하기 시작했다.

주말마다 채용설명회를 다니던 중, 어느 날 도대체 무엇을 위해 일하고 있는지 회의감이 들어 공원에서 무작정 걷고 울며 나 자신을 돌아보게 되었다. 그렇게 마음을 정리하고 나니 힘든 이유가 선명해졌다. 일본 유학이라는 큰 목표 뒤에 새로운 목표가 없었다는 것을 깨달았다. 그래서 그날 바로 '세계 최고의 사원이 되자'는 새로운 목표를 세웠다. 그러자 나의 태도가 달라지기 시작했다. 매일 남들보다 일찍 출근하고 타 부서의 일도 내 일처럼 도우며, 'Give and Give'의 태도로 임했다. 이 작은 변화들이 직장 생활의 중요한 전환점이 되었다.

현재는 'Give and Take'보다 'Give and Give'의 시대라고 할 수 있다. 베푸는 자세는 인생 전반에 걸쳐 중요한 역할을 한다. 인간관계는 상호적인 것이므로, 먼저 다가가고 도움을 주면 자연스럽게 좋은 관계가 형성된다. 직장에서도 무언가를 얻기보다는 먼저 베푸는 것에 집중해야 한다. 동료나 상사가 어려움을 겪을 때 주저하지 않고 도움의 손길을 내민다면 인간관계는 더 깊어지고, 신뢰와 존중을 높이는 계기가 된다.

직장 내에서 상사와 선배, 동료들에게 신뢰를 주는 것이 특히 중요하다. 신뢰를 쌓는 첫걸음은 약속을 지키는 것이다. 상사나 동료와의 약속을 철저히 지키면 신뢰가 쌓이고 관계가 돈독해진다.

결국 직장에서 행복하고 안정된 인간관계를 쌓는 것은 스스로의 태도에서 시작된다. 이제 주는 것에 집중해 보자. 먼저 베풀고 긍정적인 태도로 다가가면 좋은 사람들을 끌어들이고 자연스럽게 신뢰가 쌓일 것이다. 신뢰를 바탕으로 만족스러운 인간관계를 쌓으면 직장 내 갈등과 스트레스로 인한 불만족은 줄어들고, 결과적으로 불필요한 이직을 피할 수 있다. 특히 사회 초년생은 직장 생활에 안정감을 얻고 더 오래 머물면서 성장할 기회를 얻게 된다.

🗄 꼰대공식

- **공식**: 직장만족 = 목표추구 + 도움주기
- **설명**: 만족스러운 직장 생활을 위해서는 목표를 설정하고 의미를 찾는 태도가 필요하다. 목표를 세우고 노력할 때 성장과 보람을 느낄 수 있다. 또한, 직장 생활은 혼자만의 힘으로 이루어지지 않는다. 동료들과 협력하며 신뢰를 쌓을 때 인간관계에서 오는 만족감도 커진다. 결국, 자신의 성장과 타인에게 긍정적인 영향을 미치는 태도가 직장 만족도를 높이는 핵심이다.

인간관계를 내 편으로 만드는 4단계 실전 노하우

|

18

회사 생활을 하다 보면 다양한 사람들을 만나게 된다. 협력사 직원, 고객, 동료, 그리고 개인적인 관계에 있는 사람들까지 다양한 사람들과 관계를 맺게 된다. 이 과정에서 중요한 것은 어떻게 그들을 내 편으로 만들고 긍정적인 관계를 유지할 것인가이다. 나는 일본 본사에서 입사 후 7년간 기술 및 구매업무를 하며 일에 익숙해질 무렵, 회장님의 배려로 동경 본사에서 해외 영업 부서로 발령을 받았다. 이때 해외에 있는 한국 기업과 협력 비즈니스를 만드는 업무가 내게 주어졌고 유럽, 동남아, 인도까지 다양한 국가에서 경험을 쌓게 되었다. 여러 나라의 고객들과 신뢰를 쌓아가며 그들의 마음을 내 편으로 만드는 방법을 체득할 수 있었다. 이러한 경험을 바탕으로 인간관계를 구축하기 위한 팁을 MZ세대와 나누고자 한다.

첫 번째 단계는 정보를 많이 가지고 있어야 한다는 것이다. 특히 사회 초년생일수록 다양한 분야에서 유익한 정보를 스스로 공부하고 쌓아두는 것이 필요하다. 독서하면서 새로운 지식을 습득하고 자기계발에 힘쓰는 것은 매우 유익하다. 이러한 지식은 대화에서 유용하게 활용될 수 있고, 정보가 풍부할수록 상대방과 대화할 때 신뢰를 얻기 쉽다. 고객이나 협력사도 내가 제공하는 정보에 신뢰를 느끼며 더 가까워졌다.

두 번째 단계는 첫 번째 단계에서 쌓은 정보를 상대방에게 제공하는 것이다. 상대방이 관심을 가질 만한 책을 추천하거나, 그들이 필요로 하는 정보를 찾아 제공하는 것이 좋은 예다. 핵심은 상대방이 진정으로 필요로 하는 것을 제공하는 것이다. 내가 주로 거래하던 고객사와 담당자에게도 그들이 필요로 하는 정보를 공유하며 신뢰를 쌓았다. 물건을 주기보다는 상황에 맞는 유용한 정보를 제공할 때 더 깊은 인상을 남길 수 있다.

세 번째 단계는 상대방이 관심 보이는 주제에 관한 조언을 해주는 것이다. 상대방이 질문하거나 도움을 요청할 때 구체적이고 유익한 조언을 해주는 것이 핵심이다. 이때 주의할 점은 상대방이 관심 없는 주제에 관한 조언을 억지로 제공하지 않는 것이다. 예를 들어, 독서에 관심이 없는 사람에게 독서의 중요성을 강조하는 것은 효과가 없다. 상대방이 진정으로 필요로 하고 궁금해하는 부분에 맞춰 조언을 제공해야 한다.

MZ세대는 직장에서 기성세대와 조화로운 관계를 형성하는 것이 중요한 과제 중 하나다. 기성세대는 경험이 풍부하고 실무 노하우를 많이 갖고 있지만, 소통 방식이나 가치관이 다를 수 있다. 이럴 때 상사의 이야기를 경청하고 그들의 의견에 진심 어린 공감을 표현하는 것이 중요하다. 기성세대는 자신의 경험을 후배에게 전달하는 것에 큰 보람을 느끼기 때문에 때로는 그들의 노하우를 배우려는 태도를 보이면 관계가 훨씬 부드러워진다.

마지막 단계는 상대방과의 관계발전으로 이어지는 것이다. 신뢰관계를 계속 유지하면 상대방이 또 다른 사람을 우리에게 소개해 주게 된다. 이 단계는 단순한 인간관계를 넘어서 서로를 돕고 지원하는 더 깊은 관계로 발전하는 순간이다. 이 과정에서 중요한 것은 자기 이익보다는 상대방의 이익을 우선시하는 마음가짐이다. 내가 해외에서 고객과 관계를 맺을 때도 상대방의 성공을 돕겠다는 자세로 행동하니 더 큰 신뢰가 형성되었고, 관계는 더욱 깊어졌다.

결국, 인간관계를 맺을 때는 자신의 이익만을 추구하지 않고 상대방에게 실질적으로 도움이 되는 사람이 되겠다는 자세가 필요하다. 상사, 동료, 고객과의 관계에서 진정한 가치를 제공할 때 그들은 자연스럽게 내 편이 된다. 이 4단계를 잘 활용하면 누구와도 긍정적인 관계를 형성할 수 있으며, 기성세대와 조화롭게 일하는 법도 배우게 될 것이다. 인간관계는 상호 이익을 주고받는 것이며, 서로의 성공을 돕는 자세가 관계를 더욱 단단하게 만든다.

🎲 꼰대공식

- 공식: 신뢰형성 = 정보습득 + 제공하기 + 조언하기 + 관계발전
- 설명: 신뢰형성은 정보를 습득하고 이를 유용하게 제공하며, 적절한 조언을 더해 상대방의 신뢰를 얻고 관계를 발전시키는 과정이다. 먼저, 상대와 관련된 정보를 습득함으로써 더 나은 이해를 도모하고, 이 정보를 필요할 때 제공함으로써 상대방에게 실질적인 도움을 준다. 이어, 상대가 관심 있어 하는 조언을 제공해 긍정적 인상을 심어주면 상대와의 유대가 깊어진다. 마지막으로, 이러한 상호작용을 통해 또 다른 인연이 점차 만들어지면서 신뢰는 더욱 굳건해진다.

상사와 원만한 관계를 유지하는
실전 갈등 해결법

|

19

 상사와 겪는 갈등을 해결하려면 신중하고 지혜로운 접근이 필요하다. 나는 일본 상사들과 관계를 맺으면서, 상사를 대할 때는 또 다른 세밀한 준비가 필요하다는 것을 배웠다. 특히 일본에서는 업무의 결정권이 상사에게 집중되기 때문에 혼자서는 일하기 어려웠고, 상사의 승인이 필수적이었다. 이 과정에서 나는 상사의 지시를 바로 반대하기보다는 신중하게 받아들이고 내 생각을 설득력 있게 제안하려고 노력했다. 이러한 경험을 바탕으로, MZ세대가 공감할 수 있는 상사와의 갈등 해결법을 소개하고자 한다.

 첫 번째로, 상사의 지시가 이해되지 않더라도 일단 업무를 시작하는 태도가 중요하다. 상사의 지시를 존중하며 즉각적인 반발을 피하는 것이 기본이다. 상사의 지시가 효과를 내지 못했을 때 상사 역시 지시의 타당성을 다시 고민하게 된다. 이때를 기다려 신중하게 의견을 제시하면 더 큰 효과를 거둘 수 있다. 즉, 상사의 방향에 따라 업무를 시작하면서도 상황을 보아가며 새로운 의견을 제안하는 것이 상사와의 충돌을 줄이는 현명한 방식이다.

두 번째로, 업무 진행 중 상사의 기대와 다른 결과가 나올 경우 이를 긍정적으로 활용하는 방법이 있다. 성과가 일부라도 나왔다면, 그 부분을 바탕으로 상사와 대화를 시도해 추가적인 방향을 논의할 수 있다. 반면에 예상한 성과가 전혀 나오지 않았다면, 상사에게 "이 상황에서는 어떻게 진행하는 게 좋을까요?"라고 물으며 상사와 상의하는 접근이 효과적이다. 이때 자신의 아이디어도 함께 제안하는 것이 중요하다. 이렇게 하면 상사는 더 나은 해결책을 찾도록 고민하게 되고, 당신의 제안을 수용할 가능성도 커진다. 이러한 방식은 상사와 관계를 긍정적으로 유지하면서도 나의 의견을 존중받을 수 있는 좋은 방법이다.

세 번째는 상사의 지시에 반대하는 타이밍을 적절히 잡는 것이다. 즉각적인 반대는 상사의 권위에 손상을 줄 수 있으므로, 어느 정도 시간이 지난 후 신중하게 의견을 제시하는 것이 좋다. 상사는 대체로 자신의 체면을 중시하기 때문에 권위를 존중하면서 의견을 제안하는 방식이 효과적이다. 일본 상사와의 관계에서 나는 이러한 태도가 원만한 관계를 형성하는 데 중요한 역할을 한다는 것을 배웠다.

결론적으로, 상사와의 갈등을 해결하는 핵심은 상사의 지시를 우선적으로 존중하면서도 상황에 따라 신중히 의견을 제시하는 데 있다. 직접적인 반발을 피하면서도 상사의 생각을 존중하고, 적절한 시점에 대안을 제안하는 것이 갈등을 줄이는 열쇠다. 상사의 체면을 지켜주

면서도 더 나은 협력 관계를 유지하는 태도는 장기적으로도 좋은 성
과를 얻는 데 큰 도움이 될 것이다.

🗃 꼰대공식

- 공식: 상사설득 = (지시준수 + 의견조율) + 타이밍
- 설명: 상사를 설득하려면 먼저 상사의 지시를 성실히 따르고, 점진
  적으로 자신의 의견을 조율해 나가는 과정이 필요하다. 상사
  의 기분이나 업무 상황을 고려해 감정이 고조된 때나 바쁜 상
  황을 피하고, 상사가 여유롭고 긍정적인 반응을 보일 수 있는
  순간을 선택하는 것도 고려해야 한다. 이렇게 적절한 타이밍
  에 접근하면 상사가 자신의 의견을 더 수용적으로 받아들일
  가능성이 커지며 설득의 성공 확률이 높아진다.

다양한 성향의 팀원들과 협력해
성과 내는 방법

|

⬡
20

    직장에서는 결코 혼자 모든 일을 해낼 수 없기에, 팀과의 협력이 필수적이다. 나 또한 해외 영업을 하면서 다양한 국가에서 현지 외국인들과 협력하며 실적을 내야 하는 상황을 자주 겪었다. 언어와 문화가 다른 현지 팀원들과 효과적으로 소통하고, 그들의 신뢰를 얻어 일을 진척시키는 과정은 쉽지 않았다. 현지 직원들이 나와 다른 배경과 업무 방식을 가졌기 때문에, 그들의 자율성과 일하는 방식을 존중하며 동기 부여에 힘썼다. 이 경험을 통해 상사나 팀원들과 어떻게 효율적으로 협력하고 실질적인 성과를 내는지 깊이 고민하게 되었다.

    직장에서 효과적으로 협력하기 위해서는 서로 다른 배경과 성향을 가진 사람들과 일할 수 있는 능력이 중요하다. 이를 위해 몇 가지 핵심 전략을 MZ들에게 제안하고자 한다.

    첫째, 현실적인 기대치를 가지는 것이다. 직장 동료들에게 지나친 기대를 가지기보다는 각자의 한계를 인정하고 현실적인 기대를 가지면 갈등을 줄일 수 있다. 동료의 강점과 약점을 이해하고, 이를 바탕으로 협력하는 자세가 필요하다. 이러한 현실적인 기대는 동료 간 실망과 오해를 최소화하고 더 나은 협력의 기초가 된다.

둘째, 개인의 자율성을 존중하는 것이다. 각자 자신만의 업무 방식과 속도를 유지할 수 있도록 하는 것이 중요하다. 지나치게 맞추거나 자신을 억지로 바꾸는 시도는 오히려 비효율적일 수 있다. 각자의 업무 스타일을 존중하면 자율성과 효율이 높아지고, 서로에게 자유를 부여하면서 각자 맡은 업무에 집중할 수 있는 환경이 조성된다. 이는 직장 내 협력의 질을 높이는 중요한 전략이다.

셋째, 역할과 책임을 명확히 하는 것이다. 직장에서 갈등을 줄이기 위해 각자의 역할과 책임이 분명하게 정의되어야 한다. 역할이 모호하면 누가 어떤 일을 해야 하는지에 대한 오해가 생길 수 있고, 이는 협력을 방해할 수 있다. 각자의 역할을 명확히 구분하고 책임을 분명히 하면 각자가 자신의 업무에 집중할 수 있으며 협력의 효율성도 높아진다. 이는 팀 내 혼란을 줄이고, 협력적인 분위기를 조성하는 데 큰 기여를 한다.

넷째, 상사와의 소통을 강화하는 것이다. 업무에서 모호하거나 불확실한 부분이 있다면 상사와의 적극적인 소통이 필수적이다. 명확하지 않은 업무 지시나 역할 분배는 갈등을 유발할 수 있으므로 상사에게 명확한 지시와 피드백을 요청하는 것이 중요하다. 상사와 원활한 소통을 하면서 명확한 목표와 방향성을 설정받으면 팀 전체의 협력이 더욱 원활해질 수 있다.

결론적으로, 직장에서 협력을 원활하게 하기 위해서는 현실적인 기대를 가지고, 자율성을 존중하며, 역할과 책임을 명확히 하고, 상사와 적극적으로 소통하는 것이 필요하다. 이러한 전략은 직장 내 갈등을 최소화하고 효율적인 협력 환경을 조성해 팀과 조직의 성과를 높이는 데 기여할 것이다. MZ세대가 이러한 전략을 활용해 직장에서 더 나은 협력 관계를 형성하며 성장해 나가길 바란다.

🎲 꼰대공식

- 공식: 팀워크성공
  = 기대조율 + 자율인정 + 역할이해 + 적극소통
- 설명: 팀이 성과를 내기 위해서는 서로의 능력과 상황을 이해하고 현실적인 목표를 설정하여 불필요한 갈등을 줄이는 것이 중요하다. 각자의 업무 스타일과 개성을 존중하면서 독립적으로 일할 수 있는 환경을 조성해야 한다. 또한, 팀 내에서 각자가 맡은 역할을 명확히 하여 혼란을 방지하고 입무의 효율성을 높일 수 있어야 한다. 마지막으로, 원활한 정보 공유와 피드백을 통해 오해를 줄이고 협력을 극대화할 때 팀워크는 성공으로 이어질 수 있다.

최고의 성과를 내는 팀은 무엇이 다를까?

성공적인 팀은 단순히 업무 능력이 뛰어난 사람들로 구성된 것이 아니다. 진정한 성공은 팀원 간의 관계에서 시작된다. 좋은 팀에서는 동료 이상으로 서로를 친구나 가족처럼 느낄 수 있다. 매일 함께하면서 마치 가족처럼 지내는 모습을 볼 수 있다. 이런 팀 분위기는 단순히 말로 설명하기 어렵다. 때로는 회사를 그만두고 싶더라도 팀원들과의 깊은 유대감 때문에 쉽게 결정을 내리지 못하는 경우도 있다. 그렇다면 가족 같은 팀에서 일하는 것은 어떤 이점이 있을까?

팀원 간의 신뢰가 높기 때문에 자신의 약점을 드러내거나 도움을 요청하는 것도 부담스럽지 않다. 어려운 프로젝트를 맡더라도 서로를 믿고 도전할 수 있는 힘이 생긴다. 서로를 인정하고 작은 일에도 "고마워"라는 말을 주고받으며, 감사와 격려가 팀 분위기를 더욱 따뜻하게 만든다. 이런 팀은 자주 만나며 함께 일하는 시간이 많고, 대화가 활기차며 상대방의 이야기를 경청하는 소통의 질이 뛰어나다. 긴 연설보다는 짧고 명확한 소통이 이루어지고, 회의와 일상에서 자연스러운 웃음과 유머가 넘쳐난다. 악수나 가벼운 포옹 같은 신체적 접촉은 분위기를 부드럽게 만든다.

팀은 개인의 성장과 성공에 큰 영향을 미친다. 실패를 겪더라도 팀원이 나를 지지해 줄 것이라는 믿음이 생기고, 덕분에 더 큰 도전에 나설 수 있다. 결과적으로 이러한 도전과 경험은 스스로를 성장시킨다. 성공적인 팀은 단순히 각자 맡은 일에 집중하는 것을 넘어 긴장하지 않고 서로를 존중하는 문화를 가지고 있다. 프로젝트가 어려워도 협력과 존중이 바탕이 된다면 성공은 자연스럽게 따라온다.

팀을 선택할 때는 단순히 화려한 스펙과 능력을 보고 결정하지 않는 것이 중요하다. 진정으로 가족 같은 팀워크를 느낄 수 있는 곳에서 일한다면, 그곳이 성장과 성공을 이끄는 발판이 될 것이다.

위대한 꼰대가 알려주는
MZ 직장 생존법

3

성과로 이어지는
생존 스킬

직장에서 성공하기 위한 전문성,
어떻게 내 것으로 만들까?

|

21

전문지식은 현대 직장인, 특히 MZ세대에게 매우 중요한 자산이다. 일본에서는 스스로 회사를 나가지 않는 한 정년 퇴임까지 안정적으로 근무할 수 있으며, 60세가 지나도 원하는 경우 65세까지 연장할 수 있다. 하지만 특별히 인정받지 못하면 직책이 더 이상 올라가지 않는 경우가 많다. 이처럼 승진에는 나이보다 능력이 더 중요하다. 이는 MZ세대에게도 시사하는 바가 크다. 직장에서 성장하고 행복한 커리어를 이어가려면 지금부터 전문성을 갖추어야 한다. 그렇다면, 어떻게 전문지식을 내 것으로 만들 수 있을까?

전문지식을 제대로 쌓지 못하는 사람들에겐 공통된 세 가지 습관이 있다. 첫째, 돈을 쓰지 않는다. 둘째, 시간을 투자하지 않는다. 셋째, 노력을 기울이지 않는다. 이들은 본능적으로 투자보다는 편리함을 추구하고, 이를 통해 큰 성과를 얻고자 한다. 로또와 같은 일확천금을 기대하며 쉽게 성공하려는 경향이 있지만, 결국 실패를 반복하게 된다.

반면, 성공하는 사람들은 이를 위해 기꺼이 시간과 돈, 그리고 노력을 아끼지 않는다. 나 역시 이러한 태도의 중요성을 다양한 현장에서 체험했다. 해외 영업을 담당할 때 여러 나라의 현지 직원들과 협업해야 했고, 이들과 성공적인 관계를 유지하며 성과를 내기 위해 부단히 노력했다. 이 경험을 통해 나는 전문성을 높이기 위한 네 가지 단계를 정리하게 되었다.

첫째, 필요한 정보를 적극적으로 얻는 것이다. 다양한 경로로 유익한 자료와 정보를 수집하고, 그 가치와 유용성을 판단한다. 이는 모든 전문지식 습득의 첫걸음이다.

둘째, 정보를 이해하는 것이다. 정보를 단순히 수집하는 데 그치지 않고 자신의 지식 체계에 맞게 체화하는 과정이 필요하다. 이를 통해 개념을 깊이 있게 이해하고, 자신만의 방식으로 정리할 수 있게 된다.

셋째, 이해한 내용을 실천해 보는 것이다. 이 단계에서는 배운 지식을 실제 업무나 상황에 적용하며, 실전에서 얻는 교훈을 통해 지식을 더욱 견고하게 만든다.

넷째, 지식을 다른 사람에게 전달하는 것이다. 자신의 지식을 설명하고 가르치는 과정을 통해 이해도가 한층 높아지고, 이를 통해 완전한 자기 지식으로 만들어간다.

이 네 가지 단계를 통해 쌓인 지식은 더 깊이 자리 잡고, 꾸준히 반복할수록 더욱 단단해진다. 또한, 지식을 쌓는 과정에서 신뢰를 쌓고 인간관계를 구축하는 것도 매우 중요하다. 성공한 사람들과 교류하면서 긍정적인 영향을 받고, 실적이 있는 사람들의 경험을 직접 배우며 성장할 수 있다.

결국, 전문지식은 단순한 정보 수집을 넘어 지속적인 노력과 실천, 인간관계를 통해 완성된다. MZ세대가 시간과 돈을 투자하고, 꾸준한 노력을 기울인다면 직장에서 전문성을 쌓아 진정한 성공을 이룰 수 있을 것이다.

🗄 꼰대공식

- 공식: 지식완성 = 정보얻기 + 개념이해 + 실천하기 + 지식전달
- 설명: 진정한 지식을 쌓기 위한 네 가지 핵심 단계가 있다. 첫째, 필요한 정보를 수집하는 '정보얻기' 단계에서 기본 자료를 확보한다. 둘째, 수집한 정보를 자기 것으로 흡수하는 '개념이해' 단계를 통해 깊이 있는 이해를 한다. 셋째, 배운 지식을 실제로 적용해 보는 '실천하기'로 경험을 쌓으며 지식을 내면화한다. 마지막으로, 다른 사람에게 전달해 보는 '지식전달'을 통해 자신의 이해를 더욱 견고히 한다. 이 과정을 통해 지식은 완성되고 실질적인 전문성이 구축된다.

업무 속 진정한 가치를 발견하려면
상대방의 입장을 생각하라

|

22

사회 초년생이 회사에서 성공하려면 일을 어떻게 정의하고 접근하느냐가 중요하다. 일을 자신의 성과만을 위한 활동이라고 여기는 경우가 많지만, 진정한 가치는 다른 사람들을 위해 일할 때 생긴다는 점을 다양한 업무를 통해 깊이 깨달았다. 개발, 영업, 구매, 기획 등 여러 부서를 거치며 각 부서의 역할은 모두 특정 목표를 위한 업무이지만, 궁극적으로는 다른 사람의 필요를 이해하고 이를 충족시키려는 관계 속에서 진정한 성과가 나온다는 것을 체험할 수 있었다. 내가 속했던 개발 부서는 고객이 진정으로 필요로 하는 제품을 만드는 것이 가장 중요한 목표였다. 이처럼 회사의 모든 부서는 단순히 회사의 이익을 위한 활동이 아닌, 회사 바깥 사람들과의 관계 속에서 가치를 창출하는 역할을 한다.

사전적으로 '일'은 생산적인 목적을 위해 몸이나 정신을 쓰는 활동으로 정의되지만, 이는 표면적인 의미에 불과하다. 일을 깊이 들여다 보면, 일은 사람과 사람의 관계 속에서 상대방의 입장을 고려해 생각하고 행동하는 과정이다. 결국, 인간에 대한 이해와 상대방을 고려하는 능력이 모든 업무에서 필수적이라는 것이다.

MZ세대에게 가장 강조하고 싶은 부분도 바로 이러한 '상대방의 입장에서 생각하는 능력'이다. 회사에서 성과를 내고 성장하기 위해서는 단순히 내 일에만 집중하기보다는 상대방의 관점에서 세상을 보고, 그들이 무엇을 필요로 하는지를 파악하는 것이 중요하다. 이러한 능력은 좋은 리더가 되는 것과 성공적인 업무성과를 이루는 데도 중요한 핵심이다. 이런 사고방식 없이는 회사에서 높은 성과를 기대하기 어렵다. 업무성과는 결국 사람과의 관계에서 나오며, 관계를 잘 형성하고 유지하는 데서 성과의 성공 여부가 결정된다.

이를 위해서는 상사와의 관계, 동료와의 관계, 고객과의 관계 모두 상대의 입장을 이해하고 그들의 필요를 충족시키기 위해 노력해야 한다. 그러면 신뢰가 쌓이고, 그 신뢰를 바탕으로 더 큰 성과를 창출할 수 있다.

결국, MZ세대에게 해주고 싶은 조언은 일은 혼자만의 활동이 아니라는 점을 명심하라는 것이다. 업무는 항상 상대방과의 관계 속에서 이루어지며, 상대방의 입장에서 생각하고 그들의 필요를 충족시키기 위해 끊임없이 노력하는 자세가 필요하다. 이러한 태도는 회사에서 성공할 뿐 아니라 자기 자신의 성장을 이끄는 중요한 방법론이 된다. 일하면서 나와 주변을 동시에 성장시키고, 의미 있는 커리어를 만들어가는 것이야말로 진정한 성공의 열쇠가 될 수 있다.

🗄 22 꼰대공식

- 공식: 회사생활 = 상대방입장 + 문제해결
- 설명: 회사생활은 단순히 업무를 수행하는 것을 넘어, 타인의 입장을 이해하고 그들의 문제를 해결하며 함께 성장하는 과정이다. 상대방의 입장을 이해한다는 것은 상사, 동료, 고객의 생각과 필요를 존중하고 공감하는 능력을 의미하며, 이는 신뢰를 쌓는 기초가 된다. 여기에 상대의 고민을 해결하려는 적극적인 자세가 더해지면 관계가 깊어지고 실질적인 가치를 창출할 수 있다.

상사에게 인정받으려면
어떤 업무부터 시작해야 할까

|

23

회사에서 빠르게 상사에게 인정받고 성과를 내기 위해서는 단순히 열심히 일하는 것만으로는 부족하다. 여러 상사와 임원들과 함께 일했던 경험을 통해, 나는 업무 지시의 경로가 다 다르고 그만큼 해야 할 일도 많아진다는 것을 알게 되었다. 이로 인해 어떻게 하면 업무를 빠르고 효과적으로 처리해 상사들의 기대에 부응할 수 있을지 고민하게 되었다. 그 과정에서 깨달은 것은, 일을 잘하는 사람은 바쁘다고 말하기보다는 중요한 일을 신속히 처리하는 방법을 알고 있다는 점이었다.

이를 위한 핵심은 바로 '우선순위 설정'이다. 효과적으로 업무를 처리하고 상사에게 신뢰를 얻기 위해 다음 세 가지 방법을 따르는 것이 중요하다.

첫째, 가장 높은 상사의 지시를 최우선으로 처리하는 것이다. 회사에서 빠르게 성장하고 싶다면 상사의 기대를 충족시키는 것이 필수적이다. 특히 여러 상사로부터 다른 지시를 받게 될 때는 우선순위를 명확히 정하고 필요하다면 협의를 통해 조율해야 한다. 가장 높은 상사의 요구를 먼저 충족할 때 상사들 사이에서 신뢰를 얻을 수 있고, 책임감 있는 직원으로 인정받게 된다. 또한 신뢰가 쌓이면서 중요한 업무 기회도 더 자주 주어지게 된다.

둘째, 혼자 할 수 있는 일과 타인의 도움이 필요한 일을 구분하는 것이다. 협력이 필요한 업무는 일정을 미리 고려해 계획하고, 혼자 할 수 있는 일은 빠르게 처리하는 것이 효율적이다. 예를 들어, 다른 부서의 협조가 필요한 일은 먼저 조율을 요청하고, 그 사이 혼자 해결할 수 있는 업무를 마무리하면 작업의 흐름이 끊기지 않는다. 이를 통해 업무가 겹칠 때도 우선순위에 따라 일정을 조정하며 업무 속도를 높일 수 있었다.

셋째, 쉬운 일부터 처리해 성취감을 쌓는 것이 성과를 높이는 데 효과적이다. 간단한 업무를 빠르게 끝내면서 성취감을 느끼고 자신감을 얻으면 어려운 과제도 부담 없이 시작할 수 있다. 처음부터 어려운 업무에 집중하다가 마무리하지 못하면 업무가 산처럼 쌓여 압박을 받기 쉽다. 그래서 나는 쉬운 일을 먼저 처리해 하루의 성취감을 쌓고, 그 여세를 몰아 어려운 업무도 자연스럽게 해결해 나갔다. 이 방식은 업무에 대한 부담을 줄여주고 긍정적인 성과로 이어졌다.

결국, 일이 많고 바쁘게 느껴지는 이유는 우선순위 설정이 부족한 탓이 많다. 따라서 상사가 기대하는 결과물을 빠르게 제공하면서도 안정적인 업무 흐름을 유지하려면, 우선순위를 명확히 하고 효율적으로 일하는 습관을 들이는 것이 중요하다. 혼자 할 수 있는 일을 먼저 끝내고 쉬운 업무로 성취감을 쌓아가며 어려운 업무에 도전하는 자세를 가지면 상사에게 신뢰를 얻고 자신의 가치를 빠르게 증명할 수 있다.

📦 ㉓ 꼰대공식

- 공식: 효율적 성과 = 상사순위 + 업무구분 + 쉬운 업무
- 설명: 효율적으로 성과를 내기 위해서는 3가지 요소가 필요하다. 먼저 상사순위는 가장 높은 상사의 지시를 우선 처리하는 것으로, 신뢰를 쌓고 빠르게 인정받는 데 필수적이다. 업무구분은 여러 업무 중 중요도를 파악해 우선순위를 설정함으로써 시간과 자원을 효과적으로 분배하는 과정이다. 마지막으로, 쉬운 업무는 간단한 일을 먼저 완료해 성취감을 쌓고 자신감을 높이는 방법이다. 이 세 가지를 조화롭게 적용하면 업무 효율성과 성과를 동시에 높일 수 있다.

회사 생활이 두려울 때
극복할 수 있는 업무 비법

|

유학 후 일본 기업에 취업하며 세계를 무대로 활약하겠다는 꿈을 품었지만, 현실은 녹록지 않았다. 한국인 최초로 입사한 회사에서 문화와 언어, 조직 분위기에 적응하며 매일 도전을 직면해야 했다. 이 과정에서 살아남고 성장하기 위해 터득한 세 가지 원칙은 바로 '바로하기', '빨리하기', '계속하기'였다.

첫째, 바로하기.

업무를 지체하지 않고 즉시 실행하는 것은 상사의 신뢰를 얻고 업무 속도와 효율성을 높이는 데 필수적이었다. 지시를 곧바로 수행하는 습관은 조직 내 신뢰도와 존재감을 강화시켰다. 작은 습관처럼 보이지만, 바로 실천하는 자세는 업무 환경에서 중요한 변화를 만들어 냈다. 성공은 때로 신속한 실행에서 비롯된다.

둘째, 빨리하기.

신속하게 일을 처리하는 능력은 특히 외국인 사원으로서 필수적이었다. 빠르게 실행하며 실패를 두려워하지 않게 되었고, 문제를 해결하는 능력도 키울 수 있었다. 일이 잘 풀리지 않더라도 실패를 인정하고 다음 단계로 빨리 나아가는 태도는 성장을 가속화하는 중요한 도구였다. 속도는 업무 효율성과 문제 해결 능력을 동시에 높여준다.

셋째, 계속하기.

중요한 것은 바로하고, 빨리하는 태도를 꾸준히 계속하는 것이다. 첫째, 바로하기로 지시를 즉시 실행하고, 둘째, 빨리하기로 신속하게 업무를 처리하는 것을 멈추지 않고 계속 이어나가는 것이 핵심이다. 처음에는 버거웠지만, 매일 실천하며 이 원칙들이 자연스럽게 몸에 배었다. 반복적인 실천은 나를 단련하고 개선하며 성장의 원동력이 되었다. 작은 행동이라도 꾸준히 반복하면 더 큰 성과로 이어진다. 꾸준함은 개인의 성공과 발전에 있어 가장 강력한 무기였다.

내가 처음 일한 본사 공장은 항상 바쁜 분위기였다. 다양한 부서의 직원과 상사들은 분주히 움직이며 바로하기와 빨리하기를 실천하고 있었다. 그것은 걷는 속도와 이메일 응답 속도에서도 발견할 수 있었다.

그들을 보면서 걷는 속도가 단순한 이동의 문제가 아니라 업무 태도와 연결된다는 것을 깨달았다. 빠르게 걷는 사람은 대체로 업무 처리 속도와 자신감이 뛰어났다. 그들은 시간을 소중히 여기며 불필요한 동작을 최소화하고 항상 목표를 향해 움직였다. 반대로 천천히 걷거나 고개를 숙이는 사람은 자신감이 부족하거나 업무 집중력이 떨어지는 모습을 보이기도 했다. 상사들은 이런 작은 행동에서 직원의 태도와 에너지를 읽어냈다.

또한, 이메일 응답 속도도 업무에 대한 태도를 평가하는 중요한 기준이었다. 빠르게 답장을 보내는 직원들은 대체로 업무 처리 능력이 뛰어나고 상대방에게 신뢰감을 주었다. 간결하고 신속한 응답은 상대방의 시간을 존중하는 행동이기도 했다. 특히 업무의 우선순위를 빠르게 판단하고 대응하는 태도는 상사와 동료들에게 좋은 인상을 심어주었고, 업무의 전반적인 흐름을 원활하게 만드는 데 기여했다.

결국, 작은 습관이 큰 변화를 만든다. 세 가지 원칙과 함께 걷는 속도와 이메일 응답 속도로 보여주는 태도는 단순한 행동처럼 보이지만, 업무 능력과 신뢰도를 높이는 핵심이 된다. 오늘부터 반응속도를 높여보자. 자신감 있게 빠르게 움직이고 꾸준히 실천하는 작은 변화가 업무와 삶에 큰 차이를 가져올 것이다.

🎲 24 꼰대공식

- 공식: 업무향상 = (바로 + 빨리) + 계속

- 설명: 업무에 두려움이 있다면, 이를 극복하기 위해 일을 미루지 않고 바로 처리하는 것이 중요하다. '바로'는 지시나 업무를 즉시 시작해 신속하게 대응하는 것을 의미하며, '빨리'는 시간을 효율적으로 사용하여 업무 속도를 높이는 것을 뜻한다. 마지막으로 '계속'은 이러한 실행을 꾸준히 계속함으로써 업무의 질과 숙련도를 점진적으로 향상시킬 수 있다.

상사의 눈에 띠는 보고서,
기여도가 답이다

|

25

보고서 작성 능력은 MZ세대의 업무를 평가하는 중요한 도구 중 하나이다. 나 또한 일본 기업에서 보고서를 작성하면서 업무를 익히고 큰 성장을 경험했다. 일본은 디지털화가 늦고 형식에 얽매인 부분이 많아 손으로 작성해야 하는 서류 작업이 일상적이었다. 신입사원이자 외국인이었던 나는 특히 일본어로 미팅 후 내용을 화이트보드에 정리하는 일이 두려웠다. 또한, 책상에서 전화를 받을 때도 매뉴얼대로 메모지를 작성해 담딩자에게 선달해야 했다. 말하기와 글로 정리해 설명하는 것은 또 다른 수준의 도전이었다.

업무의 시작과 끝이 보고서 작성이었던 만큼, 이를 체계적으로 작성하는 기술은 필수였다. 한국 지사 법인장을 맡고 난 후에는 매일, 매주, 매월, 분기마다 30종이 넘는 보고서를 작성하며 문서 작성의 효율성과 표현력을 키울 수 있었다. 보고서를 많이 쓰다 보니 다른 사람의 보고서를 보는 것만으로도 그 사람의 업무 능력과 문제 해결 능력을 파악할 수 있게 되었다. 보고서 작성이 단순한 문서 작업을 넘어서는 중요한 능력임을 MZ세대가 알아주길 바란다.

보고서 작성의 핵심은 단순히 과제를 정리하는 것이 아니라, 문제를 어떻게 인식하고 해결 방안을 찾아내며, 내가 회사에 어떤 기여를 할 수 있는지를 보여주는 것이다. MZ세대가 보고서에 주인의식과 적극성을 담아낸다면, 상사들에게 깊은 인상을 남길 수 있다. 보고서를 통해 상사들은 MZ세대의 업무 능력과 회사에 대한 주인의식을 평가하게 된다.

보고서를 작성할 때는 문제의 본질을 파악하고, 해결 방안을 구체적으로 제시하며, 그 과정이 회사에 미치는 긍정적 영향을 명확히 드러내는 것이 중요하다. 형식에 치중하기보다는 내용의 충실함이 우선이다. 상사들은 보고서에서 결론이 무엇인지, 문제를 어떻게 해결하려 했는지, 그리고 그 과정에서 회사에 어떤 기여를 했는지를 알고 싶어한다. 이러한 핵심 내용이 빠진 보고서는 단순한 업무 처리에 그치고, 주인의식이 부족하다는 평가를 받을 수 있다.

MZ세대가 보고서를 작성할 때 염두에 두어야 할 세 가지 원칙이 있다.

첫째, 문제를 정확하게 파악하는 것이다. 이는 상사에게 업무에 대한 깊이 있는 이해를 보여준다.

둘째, 구체적인 해결 방안을 제시하는 것이다. 해결책이 추상적이지 않고 실현 가능한 방안이어야 한다.

셋째, 회사에 대한 나의 기여 방안을 명확히 서술하는 것이다. 회사의 목표와 연결된 기여 방안을 담은 보고서는 더 큰 의미를 갖게 된다.

이 세 가지 원칙을 충실히 반영한 보고서는 상사에게 깊은 인상을 남기고 자신의 능력을 평가받을 수 있는 기회를 제공한다. 회사에서 보고서는 단순한 과제 수행 이상의 의미를 지닌다. 상사들은 보고서를 통해 MZ세대가 문제를 인식하고 해결하며 회사에 기여하려는 모습을 보고자 한다.

결국, 보고서는 자신의 업무 능력을 표현할 수 있는 중요한 도구이다. MZ세대가 보고서에 주인의식과 적극성을 드러낸다면, 상사에게 인정받고 더 많은 기회를 얻을 수 있을 것이다.

🎲25 꼰대공식

- 공식: 보고서평가 = (문제인식 + 해결방안) + 기여도
- 설명: 기본적으로 보고서에는 문제를 명확히 인식하고, 구체적인 해결 방안을 제시하는 것이 필수이다. 하지만 문제 인식과 해결 방안이 아무리 훌륭해도, 회사에 실질적으로 기여하는 내용이 없다면 그 보고서는 제대로 인정받기 어렵다. 상사나 조직은 이러한 3가지 요소를 보며 작성자의 주인의식과 책임감을 평가한다.

상사가 바로 승인하게 만드는
기획서의 핵심

|

상사에게 빠르게 승인을 받기 위해서는 단순히 좋은 기획서를 제출하는 것만으로는 부족하다. 상사의 인간적인 면을 이해하고, 상황에 맞는 전략적 접근이 필요하다. 상사도 감정을 가진 사람이라는 점을 잊지 말고, 그들의 기분과 행동 패턴을 파악하는 것이 유리하다. 예를 들어, 중요한 요청이나 기획안을 제출할 때는 상사의 기분이 좋은 시점을 선택하는 것이 현명하다. 바쁜 아침보다는 점심 후 여유가 생기는 오후 시간을 노리는 것이 더 긍정적인 반응을 이끌어낼 수 있다.

이러한 타이밍 전략과 함께 중요한 것이 바로 일본에서 배우게 된 '根回し네마와시'라는 개념이다. 일본에서 업무를 하면서 본사 임원 10명과 기획서를 조율할 일이 많았다. 상사의 승인을 받으려면 상사 개인의 분위기뿐만 아니라, 상사 주변 사람들에게도 사전 설명을 하고 필요한 도움을 받아두어야 했다. 이렇게 미리 조율하는 과정이 일본에서는 흔하며, 이를 '根回し네마와시'라고 부른다. 이 말은 원래 식물

을 옮겨심기 전 뿌리를 다듬는 과정에서 유래한 것으로, 공식적인 의사결정 전에 비공식적으로 관련자들의 동의를 구하는 절차를 뜻한다. 이러한 사전 조율은 회사 안팎에서의 원활한 승인을 위해 중요한 과정이었다.

기획서나 제안서를 준비할 때는 철저한 사전 조율과 함께 반드시 포함해야 할 세 가지 핵심 요소가 있다.

첫째, 회사와 부서, 그리고 상사 개인의 목표와 일치하는 명확한 비전을 제시해야 한다. 상사는 조직의 성공과 책임을 중시하므로, 이를 반영한 기획서는 설득력을 높인다.

둘째, 철저한 조사를 바탕으로 한 구체적이고 실현 가능한 계획을 제시해야 한다. 계획이 너무 추상적이거나 실현 가능성이 떨어지면 상사의 신뢰를 얻기 어렵다. 실행 가능한 세부 방안과 구체적인 수치를 포함하는 것이 중요하다.

셋째, 기획서에는 반드시 열정과 의지가 담겨야 한다. 상사에게는 당신이 얼마나 이 일에 진지하고 열정적인지를 느끼게 해야 승인을 더 쉽게 받을 수 있다.

이 외에도 기획서가 상사의 업무 스타일과 일관된 방향으로 작성되었는지 검토해야 한다. 상사들은 자신이 속한 조직과 일치하는 제안을 선호하며, 부서의 전략과 상반되면 승인을 받기 어렵다. 따라서 상사의 기대와 부서의 방향성을 충분히 반영하는 기획서가 되어야 한다.

기획서의 형식적인 면도 물론 중요하지만, 그보다 실질적인 내용이 훨씬 중요하다. 시각적 완성도나 외형에 치중하기보다는 구체적이고 실효성 있는 내용에 집중해야 한다. 아무리 멋진 디자인을 갖춘 기획서라도 실행 가능성이 부족하면 승인을 받기 어려울 수 있다.

요약하자면, 상사에게 빠르게 승인을 받기 위해서는 상사의 감정과 행동 패턴을 파악하고, 사전 조율을 거쳐 철저히 준비하며, 기획서에는 구체적 목표를 제시하는 것이 중요하다. 특히 회사와 부서, 상사의 목표와 일치하는 방향을 제시하며, 반드시 승인을 받고야 말겠다는 열정이 기획서에 담겨 있어야 신뢰를 얻어 승인을 더 빨리 받을 수 있다.

🎲 꼰대공식

- 공식: 업무승인 = (상사분석 + 사전조율) + (목표 + 계획 + 열정)
- 설명: 성공적인 기획서 승인을 위해서는 먼저 상사의 성향과 필요를 이해하고, 사선에 주요 이헤관계자와 협의해 긍정적 반응을 끌어내야 한다. 이와 함께 기획서에 명확한 목표와 구체적인 계획, 열정이 담겨야 설득력이 높아진다. 목표는 기획서의 방향성을 제시하고, 계획은 실행 가능성을 보여주며, 열정은 진정성을 전달한다. 이 요소들이 조화롭게 구성될 때 상사로부터 신뢰와 승인을 얻을 가능성이 높아진다.

이메일 하나로
업무 평가가 달라진다

|

27

이메일은 상대방의 시간을 배려하는 소통의 기술이다. 내가 기획실에서 일하던 시절, 나에게 큰 가르침을 준 멘토가 있었다. 해외 유학 경험을 바탕으로 해외 영업을 담당하고 있던 N 선배는 매일 아침 일찍 출근해 해외 바이어들과 끊임없이 이메일을 주고받았다. 그의 옆에만 앉아 있어도 키보드를 두드리는 현란한 소리와 껌을 씹는 소리가 어우러졌는데, 솔직히 말해 그의 손가락이 보이지 않을 정도로 일의 속도는 엄청났다. 하루에 300통이 넘는 이메일을 처리하는 그를 보면서 나는 이메일 하나에도 얼마나 많은 기술과 배려가 필요한지를 배웠다. 그가 늘 강조했던 것은 상대방이 이메일을 읽자마자 바로 이해할 수 있어야 한다는 것이었다.

그가 알려준 첫 번째 원칙은 명확한 제목이었다. 상대방은 하루에도 수십 통의 메일을 받기 때문에 메일을 열어볼지 말지 제목에서 이미 판단한다. 제목만으로 내용을 짐작할 수 있게끔 작성해야 한다는 것이다. 예를 들어, "기획실 A사와의 10시 미팅 안내"라고 쓰면 상대방은 제목만 보고도 즉시 내용을 이해하고 다음 행동을 준비할 수 있다. 불명확한 제목이나 모호한 단어는 상대방의 시간을 빼앗고 답장을 미루게 만든다.

그다음은 한 번의 메일에 한 가지 내용만 담는 것이다. 여러 가지 안건을 한 번에 보내면 상대방은 어느 것부터 답변해야 할지 고민하게 되고 커뮤니케이션이 꼬일 가능성이 높아진다. 회의 일정과 자료 요청을 동시에 적는다면 어느 부분이 우선인지 헷갈릴 수밖에 없다. 따라서 한 메일에는 한 가지 내용만 깔끔하게 정리해서 보내야 한다.

N 선배는 본문 작성에도 철저한 원칙을 세웠다. 문장은 최대한 간결하게 작성하고 한 문장을 10~15단어로 끊어 읽기 쉽게 만들었다. 또한 전체 본문은 10문장을 넘기지 않았고, 추가 정보가 필요하면 첨부 파일로 대신했다. 요즘은 스마트폰으로 메일을 확인하는 경우가 많기 때문에 문장이 길어 화면에서 잘려 보이지 않도록 세심하게 배려하는 모습은 정말 놀라웠다. 문장 하나하나를 상대방이 이해하기 쉽게 정리하는 것은 단순한 기술이 아니라 상대방의 시간을 소중히 여기는 태도였다. 나도 처음엔 무심코 장황한 이메일을 작성했지만, 그에게 배운 후부터는 상대방 입장에서 읽기 쉬운 이메일을 쓰기 위해 노력하게 되었다.

이메일 하나만으로도 업무 평가가 달라질 수 있다는 사실은 특히 사회 초년생들이 꼭 기억해야 할 점이다. 상대방의 입장을 고려하지 않은 복잡하고 긴 문장은 오히려 신뢰감을 떨어뜨리고 회신을 미루게 만든다. 반대로 명확하고 간결한 이메일은 상대방의 시간을 아껴줄 뿐만 아니라 내가 일하는 방식에 대한 긍정적인 인식을 심어준다. 하루에도 수십 통의 이메일을 받는 중간관리자라면 발신자와 제목만 보고 우선순위를 정하기 마련이다. 상대방이 나의 이메일을 주목하게 하려면 제목부터 신경 쓰고, 보내기 전에 문장에 오타나 불명확한 내용이 없는지 반드시 점검해야 한다. 작은 실수 하나가 상대방의 신뢰를 무너뜨릴 수 있기 때문이다.

결국, 일을 잘하는 사람은 이메일 하나도 허투루 작성하지 않는다. N 선배는 늘 말했다. "상대방의 시간을 아끼는 것이 곧 나의 신뢰를 쌓는 것이다." 이메일은 단순한 소통 도구가 아니다. 상대방을 배려하는 마음, 나의 일하는 방식을 보여주는 중요한 수단이다. 작은 차이가 결국 큰 결과를 만든다. 상대방이 읽자마자 이해하고 답장할 수 있는 이메일, 그것이야말로 현대 사회에서 필요한 소통의 기술이자, 일류의 사람이 갖춰야 할 기본 태도다.

㉗ 꼰대공식

- 공식: 메일작성 = (제목명료 + 본문간결) × 배려
- 설명: 메일작성은 상대방을 배려하는 마음에서 시작된다. 핵심은 제목명료와 본문간결이다. 제목이 명확하면 상대방은 메일을 열자마자 내용을 파악할 수 있고, 본문이 간결하면 이해와 판단이 신속해진다. 불필요한 내용은 줄이고 핵심만 담아야 상대방의 시간을 아끼게 된다. 특히 업무상 이메일은 신뢰와 효율성을 동시에 보여주는 중요한 소통 수단이다. 배려를 바탕으로 명확한 제목과 간결한 본문을 작성하면 상대방의 반응도 빨라지고 원활한 커뮤니케이션이 가능해진다.

회의를 주도할
준비법

|

28

디지털 시대에는 빠르게 변화하는 환경에 적응하고 지속적으로 성장하는 것이 중요하다. 정보는 넘쳐나지만 이를 행동으로 옮기고 나만의 경쟁력을 만드는 사람만이 살아남을 수 있다. 일본 기업에서 다양한 업무를 경험하면서 나를 가장 단련시킨 것은 바로 문장력이었다. 일본 비즈니스 문화는 기록을 중시하며, 회의도 기록으로 시작해 기록으로 끝나는 구조였다. 미팅이 끝나면 반드시 회의록을 작성해야 했고, 작성 후에는 반드시 상사의 체크를 받으면서 정확한 내용을 이해하는 시간을 갖도록 하였다.

입사 초기에는 미팅 자체가 두려웠다. 말하기와 쓰기는 완전히 다른 영역이었기 때문이다. 회의실에는 항상 화이트보드가 있었고, 미팅이 끝날 무렵에는 글과 그림으로 빼곡하게 채워졌다. 처음에는 그 정교한 화이트보드를 보며 좌절감도 들었지만, 상사가 알려준 비법 덕분에 조금씩 극복할 수 있었다. 상사의 조언은 간단했다. 미리 준비하라는 것이었다. 회의 전날 미팅의 목적과 참가자 이름을 정리하고, 관련된 제품 도면을 심플하게 그리는 연습을 반복하는 것이다. 몇 번이고 써보고 머릿속에 내용을 집어넣으면 당일 사람들 앞에서도 자신 있게 화이트보드에 글을 적을 수 있었다.

회의에서 화이트보드를 활용하며 내가 느낀 가장 큰 장점은 주도권을 잡을 수 있다는 것이었다. 회의실에 가장 먼저 도착해 화이트보드에 회의 주제와 목표를 적어두면 논의가 흐트러지는 것을 막고 참여자들이 주제에서 벗어나지 않게 할 수 있다. 자연스럽게 회의를 주도하게 되면서 상사와 동료들로부터 높은 평가를 받을 수 있었다. 처음에는 작은 실수도 있었지만, 반복된 연습 덕분에 시간이 지나며 회의록 작성 속도와 정확도가 크게 향상되었다.

화이트보드를 잘 활용하면 회의 내용이 시각화되어 참여자 모두가 논의의 흐름을 쉽게 따라갈 수 있다. 각자의 의견을 눈앞에 기록하면서 깊이 있는 논의를 이끌어낼 수 있고, 불필요한 이야기가 반복되는 것도 방지해 회의 시간을 단축시킨다. 많은 사람들이 모여서 회의만 길어지고 결론이 나지 않는 경우를 생각해 보라. 그 시간은 결국 낭비일 뿐이다. 하지만 화이트보드에 내용을 시각화하면 참여자들은 동일한 목표를 향해 논의를 진행하게 되고, 효율적으로 결론을 도출할 수 있다.

MZ세대에게도 이 방법을 적극적으로 추천하고 싶다. 처음에는 미팅 중 화이트보드에 글을 쓰는 것이 부담스럽고 어렵게 느껴질 수 있다. 하지만 회의 전 준비와 연습을 반복하면 충분히 가능하다. 내가 경험한 것처럼 미리 주제와 핵심 내용을 머릿속에 넣고, 사람들 앞에서 자신감 있게 내용을 적어보라. 단순히 내용을 정리하는 것을 넘어 회의를 주도하며 스마트한 인재로 평가받을 수 있을 것이다. 작은 준비와 실천이 조직 내의 인정과 신뢰로 이어진다. 똑똑하게 준비하고 행동하는 사람이 결국 성장과 성공을 이룬다.

🗃 꼰대공식

- 공식: 회의주도 = (사전준비 + 보드기록) + 반복연습
- 설명: 회의를 주도하기 위해서는 철저한 사전준비와 보드기록이 핵심이다. 먼저 사전에 준비해 회의의 목적과 주제, 주요 내용을 미리 정리하고 머릿속에 입력한다. 그런 다음 보드기록을 활용해 회의 내용을 시각적으로 정리하면 참가자들의 집중도를 높이고 흐름을 주도할 수 있다. 여기에 반복연습이 더해지면 자신감이 생기고 실수도 줄어든다. 이것은 단순히 회의 내용을 정리하는 것을 넘어 회의의 주도권을 가져오고 생산적이고 효율적인 논의를 이끌어내는 강력한 도구가 된다.

평소 습관 하나로
발표의 질 바꾸기

|

29

일본 기업에서는 분기마다 글로벌 회의와 발표를 준비해야 했다. 한국 지사장으로 재직하던 시기에는 코로나로 인해 회장님이 해외 출장을 가지 못하시면서 화상 회의를 통해 전 세계 지사장으로부터 보고받는 체계로 바뀌었다. 한국에서는 월별 재무제표, 영업 실적, 생산, 품질, 개발, 안전 등 회사 전반에 걸친 내용을 자료로 정리해 보고했으며, 회장님과 약 30명의 본사 임원이 참석하는 자리였다. 다양한 의견과 지적 사항이 나왔고, 이를 소화하기 위해 많은 시간과 노력이 필요했다. 발표 당일은 긴장감이 극도로 높아지는 시간이었다. 이러한 과정을 매달 반복하며 준비와 발표의 부담을 견뎌내야 했다.

첫 발표 후, 회장님은 다음 달부터 발표를 일본어 대신 영어로 진행하라는 지시를 내렸다. 본사 임원들도 영어에 익숙해질 필요가 있다는 이유에서였다. 영어 자료를 준비하고 발표 대본을 만드는 데 많은 시간이 소요되었으나, 이를 효율적으로 해결하기 위해 매일 조금씩 준비하는 방식을 도입했다. 하루 동안 발생한 주요 이슈를 영어로 정리해 두는 습관을 들였고, 이는 발표 자료를 한꺼번에 준비하지 않아도 되는 장점이 있었다. 이 방식 덕분에 발표 내용이 머릿속에 자연스럽게 정리되었고, 발표 시 더 자신감 있게 내용을 전달할 수 있었다.

발표를 준비할 때 단순히 자료를 정리하는 것이 아니라, 핵심 메시지가 명확히 전달될 수 있도록 정리해야 한다. 특히 회장님과 임원들에게 발표할 때는 자료의 완성도뿐만 아니라 메시지의 전달력이 중요한 요소였다. 고급스러운 영어 표현을 쓰려고 부담 갖기보다는 상대방이 이해하기 쉬운 표현을 사용해 잘 전달하는 것이 더 효과적이었다. 이러한 경험은 단순히 업무를 수행하는 것 이상으로 커뮤니케이션 능력의 중요성을 깨닫게 해주었다.

회장님은 항상 더 높은 기준과 환경에서 일할 수 있도록 동기를 부여했다. 그 덕분에 업무를 신속하고 효율적으로 처리하는 습관이 형성되었고, 부족한 실적의 원인을 분석하고 대책을 논리적으로 설명하는 과정에서 논리적인 사고방식을 발전시킬 수 있었다. 매출과 이익 실적에 관해 주간 및 월간 보고를 하면서 문제를 파악하고 설득력 있는 해결책을 제시하는 훈련을 할 수 있었다. 때로는 엄격한 환경 속에서 상대를 설득하기 위한 압박감도 있었지만, 이는 개인적인 성장의 밑거름이 되었다.

엄격한 기준과 높은 기대치를 가진 상사와 함께 일하는 것은 큰 도전이지만, 동시에 성장의 기회다. 이런 환경에서 자신의 한계를 시험하며 업무의 질과 효율을 동시에 높이는 법을 배울 수 있다. 단기적인 어려움에 머물지 않고 이를 성장의 기회로 삼는 것이 중요하다. 매일 조금씩 준비하는 습관과 논리적인 사고는 장기적으로 업무 능력을 향상시키는 데 중요한 자산이 된다. 이러한 경험은 자신감을 키우고, 어떤 상황에서도 준비된 태도로 임할 수 있는 기틀을 마련해 준다.

㉙ 꼰대공식

- 공식: 발표성과 = (평소작성 + 쉬운 표현) × 자신감
- 설명: 효과적인 발표성과를 얻기 위해서는 철저한 준비와 전달력이 중요하다. 평소작성은 자료를 일상적으로 정리해 두는 습관으로, 발표 준비 시간을 줄이고 내용을 체계적으로 구성하는 데 도움을 준다. 여기에 쉬운 표현을 더하면 청중이 핵심 메시지를 쉽게 이해할 수 있어 전달 효과가 극대화된다. 마지막으로, 자신감은 준비된 내용을 설득력 있게 전달하며 발표의 완성도를 높이는 요소다. 이 세 가지가 결합될 때 발표는 단순한 정보 전달을 넘어 영향력을 발휘하게 된다.

성과를 빠르게 내고
승진을 앞당기는 전략

|

성과를 빠르게 내고 승진을 앞당기기 위해서는 단순한 노력만으로는 충분하지 않다. 노력이 중요한 만큼, 그 과정에서 효율성과 즐거움을 함께 추구하는 것이 핵심이다. 같은 목표를 달성할 수 있다면, 더 적은 노력으로 성과를 이루는 방법을 찾는 것이 바람직하다. 많은 노력이 반드시 더 나은 결과를 보장하지는 않기 때문에 올바른 접근법과 전략이 필요하다.

나는 일본 아이치현 안조시에 있는 본사 공장에서 일하던 3년 차에 회장님께 불려가 업무에 대해 보고했다. 회장님께서는 "君が好きだから 최 군이 좋으니까"라며 다양한 부서에서 일할 것을 제안하셨고, 10년 후 한국 지사장으로 임명하겠다는 약속을 해주셨다. 이 약속은 정말 꿈처럼 이루어졌고, 나는 한국 지사장이 되었다.

여러 부서를 경험하며 다양한 업무를 처리한 경험은 빠르게 성과를 내고 신뢰를 쌓는 데 큰 도움이 되었다. 기술부에서는 원료의 특징과 다양한 가공 방법, 보고서 작성법을 익히며 기초를 다졌고, 영업부로 이동하면서는 회사 제품과 고객을 깊이 이해하게 되었다. 구매부에서는 공장에서 사용하는 각종 부자재와 조달 과정을 다시 배우고, 경영기획실에서는 전 세계 그룹사들의 현황을 파악하며 회사 전체의 운영을 이해하는 경험을 했다. 이 과정에서 나는 새로운 부서와 업무도 열린 마음으로 배우면 충분히 성과를 낼 수 있다는 자신감을 얻게 되었다.

빠르게 성과를 내기 위해서는 자신의 강점을 파악하고 이를 집중적으로 활용하는 것이 중요하다. 나의 강점은 새로운 정보와 기술을 빠르게 배우고 다양한 환경에서 적용할 수 있는 능력이었고, 덕분에 상사에게 신뢰를 얻고 중요한 업무를 맡으며 더 큰 기회를 얻을 수 있었다.

그러나 강점만으로는 충분하지 않다. 후천적인 노력과 지속적인 기술 개발 역시 필수적이다. 부족한 분야가 있다면 적극적으로 학습하면서 업무성과를 높여야 한다. 나 또한 재무 관련 업무에 필요한 수학적 사고가 부족하다고 느낄 때 추가 교육으로 약점을 보완하며 성과를 높일 수 있었다. 약점을 인식하고 보완하려는 노력은 성과를 내는 데 중요한 역할을 한다.

정리하자면, MZ세대가 빠르게 성과를 내고 커리어에서 두각을 드러내고 싶다면 자신의 강점을 최대한 활용하는 동시에 약점을 보완하는 학습과 경험이 필수적이다. 다양한 경험은 더 넓은 시야를 제공해주고, 어떤 변화 속에서도 유연하게 대응할 수 있는 힘을 길러준다.

이러한 자세가 성장을 이끄는 동력이자, 성공적인 커리어를 쌓는 토대가 될 것이다.

🎲 꼰대공식

- 공식: **조기승진 = 다양한 경험 + 약점극복**
- 설명: 조직에서 빠르게 성장하고 리더로 인정받기 위한 두 가지 요소가 있다. 다양한 경험은 여러 부서와 역할을 거치며 넓은 시야와 문제 해결 능력을 키우는 것으로, 복합적인 업무 상황에서도 유연하게 대응할 수 있도록 돕는다. 약점극복은 자신의 부족한 부분을 학습하고 훈련하면서 보완해 나가는 과정으로, 이는 전문성을 높여 신뢰를 쌓는 데 중요한 역할을 한다. 두 요소가 함께할 때 빠르게 성과를 내고 승진의 기회를 높일 수 있다.

변화에 적응하는 힘이 성공을 결정한다

직장 생활에서 상사를 설득하거나 잘 대처하는 것도 중요하지만, 결국 중요한 것은 환경에 얼마나 잘 적응하느냐이다. 힘이 세거나 지식이 많다고 성공하는 시대는 지났다. 이제는 어떤 회사에 다니든, 이직을 하든, 개인사업을 하든 사람과 환경에 적응하는 능력이 성공을 좌우한다.

학교에서는 선생님이나 교수님이 정해진 해답을 제시해 주고, 그 해답을 잘 찾으면 칭찬을 받고 성적도 좋았다. 하지만 사회는 다르다. 상사나 선배가 시키는 대로만 해서 성과가 나오는 건 아니다. 스스로 공부하고, 훌륭한 멘토를 찾아야 한다. 그리고 스스로 배울 열정이 없다면 성장할 수 없다. 사회에는 정해진 답이 없다. 시대가 변하면 비즈니스 상식도 변하기 마련이다. 오늘의 정답이 내일은 틀릴 수 있는 세상이다. 그렇기 때문에 정답을 찾으려 애쓰기보다, 일을 하면서 '이 문제는 어떻게 해결할 수 있을까?'를 고민하는 과정이 더 중요하다. 변화하는 환경 속에서 문제를 해결해 나가는 능력을 기르는 것이 진정한 성장이자 성공의 열쇠다.

4

영업과
돈의 원리

영업 성공, 마음가짐부터 달라지면
실적은 따라온다

|

31

일본 기업의 다양한 부서에서 근무했지만, 나에게 진정한 변화를 가져다준 업무는 바로 영업이었다. 처음 영업을 맡았을 때, 나는 막연한 두려움과 고민이 앞섰다. 영업은 단순히 제품을 판매하는 일로만 생각했지만, 그 속에는 내가 미처 몰랐던 더 큰 의미와 가치가 있었다. 다행히 내 곁에는 '영업의 신'으로 불리는 멘토가 있었다. 나는 그에게 끊임없이 질문을 던졌다. "영업을 잘하는 사람은 어떤 사람인가요?", "영업을 잘하는 사람과 그렇지 못한 사람의 차이는 무엇일까요?" 대부분의 사람들은 영업을 잘하기 위해 정보력, 지식, 영업 스킬이 필수라고 생각할 것이다. 하지만 멘토의 대답은 예상 밖이었다. 그는 "영업의 핵심은 마음가짐"이라고 했다.

그의 조언은 나에게 커다란 전환점이 되었다. 나는 매일 그의 복장, 손짓, 말투 하나까지 따라 하기 시작했다. 처음엔 어색했지만, 그것은 나의 마음가짐을 변화시키기 위한 첫걸음이었다. 멘토는 나에게 구체적으로 세 가지 마음가짐을 강조했다. "고객을 먼저 생각하고, 끝까지 포기하지 않으며, 자신감을 가져라." 그는 "이 세 가지를 지키면 실적은 자연스럽게 따라온다"라고 덧붙였다. 이후 나는 고객을 만날 때마다 이 세 가지 원칙을 가슴에 새기고 고객의 고민과 요구에 집중했다. 제품을 파는 것이 아니라 고객의 마음을 이해하고 감정에 공감하려고 노력했다. 놀랍게도 고객은 나를 믿기 시작했고, 결과적으로 수많은 실적이 따라왔다.

여기서 중요한 것은 고객이 단순하게 제품만 보고 구매하는 것이 아니라는 점이다. 고객은 그 제품을 판매하는 영업사원의 태도와 마음가짐을 보고 결정을 내린다. 제품 판매에만 집착하면 절대로 고객의 마음을 얻을 수 없다. 하지만 진심을 담은 마음가짐과 태도로 고객에게 긍정적인 가치를 전달하면 신뢰를 쌓을 수 있고, 그 신뢰는 장기적인 관계로 이어진다. 신입사원 시절, 비슷한 환경에서 같은 교육을 받았음에도 나와 동료의 실적이 차이 나는 이유도 바로 여기에 있다. 정보와 전문지식은 누구나 배울 수 있지만, 마음가짐은 스스로 노력해야 하고 시간이 걸리는 부분이다.

마음가짐이 바뀌면 상상력이 발휘된다. 그리고 그 상상력은 영업사원을 한 단계 더 성장시킨다. 내가 경험한 영업의 본질은 고객의 감정을 이해하고 긍정적인 가치를 제공하는 것이었다. 멘토는 영업사원이 제품이 아니라 '가치와 감정'을 파는 사람이 되어야 한다고 가르쳤다. 고객이 원하는 것은 단순한 상품이 아니라 그 상품이 가져다줄 감정과 경험이다. 생명보험을 예로 들면, 이것이 단순히 불행한 상황에 대한 대비책이 아니라 가족에게 안정과 행복을 선물한다는 가치가 있다. 영업은 이런 가치를 고객에게 전달하고 공감하는 과정이다.

결국 영업이라는 업무는 회사의 모든 부서와 연결되어 있다. 경영, 생산, 기술, 물류 등 각 부서가 각자의 역할을 수행하지만, 그 목적은 하나다. 바로 고객의 고민을 해결하고 기업의 성장을 이끄는 것이다. 영업은 그 모든 과정의 중심에 서서 고객과 기업을 이어주는 핵심적인 역할을 한다.

영업은 결코 어렵고 막연한 일이 아니다. 누구나 '마음가짐'이라는 기본기를 다지면 도전할 수 있고, 성장할 수 있다. 영업은 고객과 진심으로 소통하며 그들의 마음을 움직이는 가슴 뛰는 일이다. 이제 여러분을 영업의 세계로 안내하겠다. 함께 진정한 영업이 무엇인지 배워보자. 고객의 마음을 움직이고, 가치를 전하는 여정이 지금부터 시작된다.

- 공식: 영업성과 = (고민해결 + 행동력) × 자신감
- 설명: 영업성과는 고민해결, 행동력, 그리고 자신감의 조합이다. 먼저, 고객의 마음을 얻기 위해서는 그들의 고민과 문제를 해결하려는 진지한 노력이 필요하다. 고객이 무엇을 필요로 하는지 공감하고 이해하는 것이 첫걸음이다. 하지만 고민해결만으로는 부족하다. 즉시 움직이는 행동력이 뒷받침되어야 한다. 고객의 요구에 신속하게 대응하고 포기하지 않는 태도로 결과를 만들어내는 실행력도 필요하다. 마지막으로, 영업사원은 자신감이 있어야 한다. 자신의 가치와 제품에 대한 확신이 고객에게 신뢰를 주기 때문이다. 이 세 가지가 조화를 이룰 때 진정한 영업능력이 완성된다.

고객의 고민 해결이
매출로 이어지는 이유

|

32

영업을 어떻게 정의하면 될까? 영업이라는 업무는 많은 이들에게 단순히 제품을 팔고 매출을 올리는 직무로 이해될 수 있다. 그러나 내가 일본 기업에서 다양한 업무를 경험하면서 가장 보람을 느낀 일은 바로 이 '영업' 업무였다. 모든 업무가 기업 발전에 중요한 역할을 한다는 것은 분명하지만, 내가 영업에 특별한 가치를 두는 이유는 이 일이 사람을 상대로 하며, 결과 또한 매우 불확실하고 정답이 없는 업무이기 때문이다. 특히 영업은 매 순간 새로운 사람과 만나는 과정에서 다양한 경험과 배움을 얻어 스스로 성장할 기회를 제공해 주었다.

내가 생각하기에 영업의 본질은 단순히 제품을 판매하는 것이 아니다. 영업의 진정한 의미는 고객의 문제를 함께 해결하고 그 과정에서 행복을 나누는 일이라는 것이다. 영업은 고객이 가진 문제와 고민을 깊이 이해하고, 그에 맞는 해결책을 제시하는 과정에서 신뢰를 쌓아가는 일이다. 고객이 어떤 문제를 가지고 있는지 이해하려 노력하고,

그 고민을 해결해 줄 때 고객과의 관계는 단단해지고, 이는 자연스럽게 매출로 이어진다.

많은 고객과의 대화 속에서 나는 고객의 다양한 시각을 접하게 되었고, 나의 시야 또한 그만큼 넓어질 수 있었다. 고객들은 각기 다른 배경과 경험을 가지고 있어, 내가 미처 생각하지 못했던 관점을 가르쳐 주기도 한다. 나는 고객과의 관계 속에서 배움과 성장을 경험했고, 고객의 신뢰를 얻었을 때 오는 기쁨은 말로 표현할 수 없는 성취감을 안겨주었다. 특히, 고객의 신뢰는 단순히 한 번의 판매로 끝나는 것이 아니라, 더 나아가 다른 고객을 소개해 주기도 하면서 새로운 인연과 기회를 만들어주었다.

MZ세대에게 특히 강조하고 싶은 점은 이제 물건을 팔기 위한 접근 방식이 아니라, 고객의 진정한 고민을 해결해 주는 것에 집중해야 한다는 것이다. 영업은 과거와 달리 고객의 문제를 진심으로 해결하는 과정에서 신뢰를 쌓아 자연스럽게 매출을 올리는 것이 중요하다. 영업사원으로서 고객의 문제를 진심으로 해결하려는 자세와 열정이 없다면 그 관계는 쉽게 끝나고, 재구매나 소개 같은 기회를 얻기 어렵다. 하지만 진심을 다해 고객의 필요를 해결하고 신뢰를 쌓게 되면, 그 관계는 제품 이상의 가치를 지니게 된다.

이제 MZ세대의 영업은 고객과 깊은 관계를 형성하고, 장기적인 기회를 창출하는 방식으로 나아가야 한다. 고객의 문제에 진심으로 귀를 기울이고 그들의 고민을 해결하는 데 중점을 두어야 하며, 이는 장기적인 성공을 가능하게 하는 중요한 요소가 된다. 고객과 함께 행복을 나누며 신뢰를 쌓는 것이 바로 성공적인 영업의 길이다.

🎲 꼰대공식

- 공식: 영업정의 = 고민해결 × 행복공유
- 설명: 성공적인 영업은 단순한 판매가 아닌 고객의 고민을 깊이 이해
  하고 해결하는 데서 시작된다. 고객의 문제를 해결함으로써 만
  족과 기쁨이 생기고, 이 감정을 영업사원과 고객이 함께 나누
  는 과정이 중요하다. 이러한 과정을 지나 신뢰가 쌓이면서, 고
  객은 자연스럽게 제품을 구매하거나 다른 고객을 소개해 주게
  된다. 즉, 고객의 행복을 공유하는 것이 영업의 핵심이며, 이는
  장기적인 관계 형성과 매출 증가로 이어지는 결과를 낳는다.

절실함과 끈기,
영업성과를 폭발시키는 공식

|

(33)

미국 주재원으로 파견되었을 때 솔직히 설렘보다는 막막함이 컸다. 완전히 낯선 환경에서 실적을 내야 한다는 부담감이 컸고, 준비가 부족하다는 것도 누구보다 잘 알고 있었다. 현지에 아는 사람도 없고, 영어도 서툴렀다. 하지만 회장님과 한 약속을 지키고 싶었다. 어떤 일이 있어도 주어진 목표를 달성하겠다는 각오 하나로, 매 순간 진심을 다해 사람들에게 다가갔다. 작은 만남조차 허투루 보내지 않겠다는 결심이었다.

그러나 처음에는 미팅 하나 잡는 것조차 쉽지 않았다. 영어가 부족해 통화가 도중에 끊기거나, "회사 소개 메일을 보내 달라"라는 말만 들었고, 보낸 메일에도 회신이 오지 않는 날들이 이어졌다. 이런 상황에서 포기할 수는 없다는 절실한 마음에 결국 직접 찾아가는 방법을 택했다. 그러던 중 호텔 로비에서 우연히 본 한국 잡지에서 가려던 회사 사장의 사진과 주소를 발견했고, 그 길로 그 회사를 찾아갔다.

회사는 커다란 게이트와 경비원들로 철통같이 막혀 있었지만, 잡지를 내밀며 "이 사람이 너희 사장이 맞냐?"라고 물었다. 경비원이 맞다고 하자, 약간 과장되게 "한국에서 여러 번 전화했는데 연락이 안 된다!"라고 말했다. 뜻밖에도 경비원은 미안하다며 문을 열어주었고, 드디어 회사 건물 안으로 들어갈 수 있었다.

그러나 여정은 여기서 끝나지 않았다. 건물 안 안내데스크에서 또다른 벽을 만났다. 안내데스크의 여직원에게 구매부 Mr. Kim을 만나러 왔다고 설명했지만, 그녀는 회사에 Mr. Kim이 세 명이 있다고 했다. 순간 당황했지만, 적당히 두 번째 Mr. Kim이라고 말했고, 다행히 그녀는 명부를 확인해 주며 그 Mr. Kim을 만날 수 있게 해주었다.

드디어 만난 두 번째 Mr. Kim과의 미팅은 내 절실함과 진심을 통해 이루어진 결정적 순간이었다. 그는 내 이야기에 귀를 기울였고, 이후 여러 관계로 이어지는 중요한 연결점이 되어주었다. 그의 도움 덕분에 다른 사람들과도 자연스럽게 신뢰 관계를 쌓을 수 있었고, 결국 목표했던 매출을 올리며 연간 150억 원 이상의 실적을 달성했다. 이 경험은 단순한 실적 이상의 의미를 남겼다. 어려운 상황에서도 포기하지 않고 진심으로 사람에게 다가갈 때 실제 성과로 이어지는 과정을 온몸으로 깨달았다.

이 경험 이야기로 MZ세대에게 꼭 전하고 싶은 메시지가 있다. 준비가 부족하고 환경이 불리하다고 해서 너무 위축될 필요는 없다. 오히려 부족함을 인정하고 직접 부딪히며 해결하려는 자세가 최고의 기회를 만들어내기도 한다. 나 역시 언어라는 큰 장벽이 있었지만, 진심을 담아 다가간 덕분에 상대방의 신뢰를 얻었고, 그 절실함은 미국에서 큰 실적을 만들어낸 자산이 되었다.

MZ세대에게 말하고 싶다. 어떤 상황에서도 도전을 멈추지 말고 한계를 넘어서려는 태도를 갖춘다면, 그 과정이 더 큰 성과와 성장으로 이어질 것이다.

🎲 33 꼰대공식

- 공식: 판매실적 = 절실함 + 끈기
- 설명: 판매실적을 올리기 위해서는 단순히 제품을 파는 기술만으로는 부족하다. 절실함은 목표를 반드시 이루겠다는 의지와 진심을 담아 고객에게 다가가는 태도를 의미한다. 고객은 이런 진심을 느낄 때 신뢰하게 되고 그 신뢰가 실적으로 이어진다. 여기에 끈기가 더해지면 어떤 어려움도 포기하지 않고 도전하며 끝까지 해결하려는 자세가 완성된다. 절실함과 끈기는 고객과의 관계를 깊게 만들고, 단기적인 실적을 넘어 장기적인 성과와 성장으로 이어지는 원동력이 된다.

소박한 창의적 접근이 만든
750억 성과

|

34

일본 기업에서 일하며 미국 주재원으로 파견된 경험은 나를 완전히 새로운 사람으로 변화시켰다. 낯선 환경에서 성과를 내야 했던 미국에서 보낸 시간은 평생 잊을 수 없는 자산이 되었고, 이 특별한 경험을 MZ세대와 좀 더 구체적으로 나누고 싶다.

미국 뉴저지에서 약 3년간 근무하며, 특히 처음 2년간은 매 순간이 도전이었다. 자동차 관련 한국 기업들은 대부분 남부 알라바마에 몰려 있어 자주 출장을 가야 했다. 새벽에 집을 나서 JFK 공항으로 이동해 애틀랜타까지 비행한 후 몇 시간 동안 차를 몰고 목적지에 도착해야 하는 반복된 일정이었다. 지치기도 했지만, 그 과정을 겪으며 인내와 끈기의 가치를 다시금 느끼게 되었다.

현지에 인맥이 전무했던 나는 작은 기회도 놓치지 않기 위해 일부러 한국인이 운영하는 소박한 호텔을 숙소로 정했다. 저녁이 되면 호텔 로비에서 소주와 김치, 컵라면을 나누며 대화를 시작했고, 자연스럽게 명함을 주고받으며 인연들이 생겨났다. 2년간 이 생활을 이어가면서 점차 신뢰가 쌓였다.

그렇게 쌓아온 신뢰가 드디어 큰 결실을 맺는 순간이 왔다. 한 자동차 제조사에서 받은 개발 제안이 예상보다 훨씬 큰 규모의 계약으로 이어진 것이다. 연간 150억 원 규모였고, 한번 생산되는 차량은 최소 5년간은 생산되며 총 750억 원의 매출을 확보할 수 있었다. 이 성과는 단순한 숫자 이상의 의미를 가졌다.

나는 남들이 생각하지 못한 창의적인 영업활동으로 문제를 해결하려고 끊임없이 고민했다. 한국 기업을 대상으로 영업을 하기 위해서 한국 사람이 경영하는 소박한 호텔에서 숙박하면서 영업활동을 시작하였다. 사소해 보이는 작은 아이디어라도 실현 가능한 계획으로 구체화하고 꾸준히 실행하면 결국 실적으로 이어진다는 것을 몸소 경험했다. 창의적인 해결책은 거창할 필요가 없다. 이러한 작은 차이가 결국 큰 신뢰와 성과로 연결된다는 소중한 깨달음을 얻을 수 있었다.

성과는 쉽게 얻어지지 않는다. 끊임없는 노력과 진정성 있는 관계가 무엇보다 중요하며, 큰 기회는 사람과 사람 사이에서 시작된다. 눈앞의 이익을 쫓기보다는 상대의 고민을 함께 해결하며 신뢰를 쌓는 과정이 진정한 성공으로 이어진다.

결국 성과는 관계에서 비롯된다. 진심과 꾸준한 노력으로 만들어진 관계가 기회의 기반이 되는 것이다. 2년간 쌓아온 신뢰가 큰 성과로 이어졌듯, MZ세대도 진정성 있는 태도로 관계를 맺고 그 속에서 기회를 발견하길 바란다. 어려운 상황에서도 스스로를 믿고 끈기 있게 도전하길 바란다. 고객의 문제를 나의 문제로 받아들이고, 그 속에서 기회를 찾아내며 MZ세대가 더 큰 성공을 이루어가기를 바란다.

🎲 34 꼰대공식

- 공식: 고객창출 = 창의적 접근 + 신뢰구축
- 설명: 새로운 고객을 확보하기 위한 두 가지 핵심 요소가 있다. 먼저, 창의적 접근은 차별화된 아이디어와 유연한 방식으로 고객에게 다가가는 전략을 의미한다. 이 전략으로 고객의 관심을 효과적으로 끌고, 기존과는 다른 신선한 경험을 제공할 수 있다. 두 번째 요소인 신뢰구축은 고객과의 장기적인 관계 형성을 위한 기본 조건이다. 진정성 있는 소통과 꾸준한 노력으로 신뢰를 쌓아가면, 신규 고객은 단순한 거래를 넘어 지속적인 관계로 이어지게 된다.

영업 초보도 실천할 수 있는
전달력 향상 비법

|

35

누구나 한 번쯤 이런 경험이 있을 것이다. 상사든 부하 직원이든, 거래처든 고객이든 상대방에게 열심히 무언가를 설명하고 긴 시간 동안 미팅을 했지만 결국 "다음에 다시 검토하자" 혹은 "추후 협의하자"라는 말로 끝난 적 말이다. 이럴 때는 참 답답하고 허무하다. 더 심각한 것은 상대방의 설명이 도무지 이해되지 않는 상황이다. 특히 영업 사원이 고객에게 무슨 말을 하고 있는지조차 알아들을 수 없다면, 이는 최악의 상황이다. 말뿐만 아니라 글도 마찬가지다. 이메일을 길게 작성한다고 해서 그 내용이 상대방에게 완벽하게 전달되지는 않는다. 중요한 것은 '전달력'이다. 내가 하는 말이나 글이 상대방에게 쉽게 이해되고 납득될 수 있어야 진정한 의미의 소통이 이루어진다. 아무리 자사 제품에 대한 방대한 지식을 갖고 있어도 전달력이 부족하면 고객을 설득하기 어렵다. 나 또한 영업 초기에 이런 실수를 수없이 반복했다. 제품의 강점과 정보를 열정적으로 설명한다고 했지만 고객은 지루한 표정을 짓고 "오늘은 여기까지 듣고 검토해 보겠습니다"라는 말만 남겼다. 시간만 허비했을 뿐 원하는 결과는 얻지 못했다.

영업사원이 전달력을 높이기 위해 가장 먼저 해야 할 일은 첫째, 상대방이 이해하기 쉽게 표현하는 것이다. 제품이나 서비스에 대한 전문적인 정보를 전달할 때도 고객의 눈높이에서 설명해야 한다. 종종 오랜 경력을 앞세워 축약어나 외래어를 사용하며 자신을 더 전문적으로 보이려는 사람들이 있다. 하지만 이는 고객을 배려하지 않는 자기중심적인 태도로 비칠 뿐이다. 상대방이 이해하지 못하면 아무리 멋진 정보라도 무의미하다. 쉬운 언어와 친근한 표현이 고객과의 벽을 허물고 신뢰를 쌓아준다. 나 역시 이런 실수를 깨닫고 "중학생도 이해할 수 있을 만큼 쉽게 설명하자"라는 원칙을 세웠다. 이 원칙을 적용하자 고객의 반응이 달라졌고 대화도 훨씬 원활해졌다.

둘째, 결론부터 이야기하는 습관이다. 고객의 시간은 소중하다. 바쁜 일정 속에서 영업사원을 만나주는 것만으로도 감사해야 할 일이다. 이 소중한 시간을 낭비하지 않도록 미팅의 핵심을 먼저 전달해야 한다. 대부분의 사람은 처음부터 끝까지 집중해서 듣지 않는다. 듣고 싶은 것만 듣게 되고, 설명이 장황해지면 이미 다른 생각을 하고 있을 수도 있다. 그러므로 핵심 메시지를 한 문장으로 정리해 먼저 말하고 나머지는 보충하는 것이 좋다. 예를 들어, "이 제품은 고객사의 비용을 30% 절감시킬 수 있습니다"라고 결론을 먼저 말한 후 그 근거를 차근차근 설명하면 고객도 빠르게 핵심을 이해하고 신뢰감을 갖게 된다.

셋째, 목적에 집중해야 한다. 회사 소개부터 다양한 제품 설명까지 모든 것을 이야기하려는 영업사원이 있다. 하지만 이것은 고객을 지치게 하고 시간을 낭비하게 만든다. 정보를 많이 전달한다고 해서 고객이 모든 것을 기억하거나 납득하는 것은 아니다. 오히려 핵심을 놓칠 수 있다. 미팅 전에 전달하고자 하는 내용을 명확하게 정리하고 꼭 필요한 정보만 간결하게 전달해야 한다. 예를 들어, 이번 미팅의 목적이 제품의 가격 경쟁력을 설명하는 것이라면 다른 부수적인 내용은 최소화하고 이 점에 집중해야 한다. 고객은 정보를 많이 받는 것보다 핵심을 명확히 이해하고 설득되는 것을 더 원한다.

결국 영업사원에게 가장 중요한 것은 '많이 말하는 능력'이 아니라 '정확하게 전달하는 능력'이다. 상대방이 내 말을 이해하고 납득해야만 결과를 만들어낼 수 있다. 복잡한 표현 대신 쉽고 명확하게 말하고, 결론부터 전달하며, 목적에 집중하는 습관을 들이면 누구나 전달력을 높일 수 있다. 나의 작은 실수와 경험을 통해 깨달은 점이지만, 고객의 마음을 움직이는 핵심은 결국 전달력에 있다. 특히 MZ세대는 짧고 명확한 커뮤니케이션을 선호하기 때문에 이러한 능력은 더욱 중요하다. 시간과 타이밍이 중요한 영업의 세계에서 진짜 프로는 '말을 잘하는 사람'이 아니라 '전달을 잘하는 사람'이다.

꼰대공식

- 공식: 전달력 = 쉬운 표현 + 결론제시 + 목적집중
- 설명: 전달력은 상대방이 내 말과 글을 쉽게 이해하고 납득할 수 있게 하는 능력이다. 이를 높이기 위해서는 세 가지 요소가 중요하다. 첫째, 쉬운 표현으로 복잡한 내용을 간결하고 명확하게 전달해야 한다. 둘째, 결론부터 제시해 말의 핵심을 먼저 전달함으로써 상대방의 관심과 이해를 이끌어야 한다. 셋째, 목적에 집중해 불필요한 정보를 배제하고 핵심 메시지만 전달해야 한다. 이 세 가지를 조화롭게 활용하면 상대방과의 소통이 더 효과적이고 설득력 있게 이루어진다.

꿈을 현실로,
목표 설정부터 실천까지 전략 대공개

|

36

미국 주재원을 결심한 것은 나에게 큰 도전이자 목표였다. 당시 우리 회사는 일본을 포함해 세계 각지에 약 100개의 생산 거점을 두고 있었고, 미국에도 15개의 거점을 운영하고 있었다. 미국은 주재원으로서 큰 도전이자 매력적인 기회로, 급여, 가족 생활비, 교육비, 의료비 등 회사의 전폭적인 지원이 제공되기 때문에 많은 직원이 선호하는 지역이었다. 그러나 이러한 지원이 있다는 사실은 실제로 미국에 주재원으로 가서야 알게 되었고, 덕분에 미국 비즈니스 경험과 함께 주재원 신분으로서 다양한 혜택도 누릴 수 있었다.

미국 주재원이라는 목표를 이루기까지 아내와 함께 세운 공동 목표가 큰 힘이 되었다. 2014년 1월 결혼 직후 아내는 커리어를 잠시 내려놓고 일본으로 이주했다. 도쿄에서 새로운 생활에 적응하며 우리는 함께 인생 계획을 세웠다. 아내는 하고 싶은 취미와 목표를 적어 나갔고, 나는 회사에 기여하고 싶다는 미래 비전을 구체화했다. 2014년 9월에는 '미국 주재원'이라는 목표를 계획서로 작성해 매일 볼 수 있도록 안방에 붙여두었다.

그리고 마침내 2014년 7월, 긴자에 있는 회장님 사무실에서 나의 미국 주재원 발령이 결정되었다. 긴자 거리의 신호등 앞에서 느꼈던 그 기쁨은 아직도 생생하다. 비자 신청과 준비 과정을 거쳐 2014년 9월에 뉴저지에 도착했을 때, 꿈이 현실이 되었음을 실감하며 큰 감동을 느꼈다. 회장님께 나의 목표를 설명했던 순간도 잊을 수 없다. "앞으로 100년간 지속 가능한 사업을 구상하고, 현재보다 3배의 매출을 달성하겠습니다." 구체적인 계획은 없었지만, 회장님은 내 열정과 회사에 대한 주인의식을 높이 평가해 주셨고, 덕분에 미국 주재원 생활을 순조롭게 시작할 수 있었다.

이 경험을 통해 나는 목표와 목적의 차이를 깊이 이해하게 되었다. 목표는 최종 목적을 달성하기 위한 중간 통과점이며 성과나 수치를 의미한다. 하지만 목적은 근본적인 이유와 방향을 뜻한다. 예를 들어, 매출 증대는 목표일 수 있지만, 그 궁극적인 목적은 고객이 만족할 가치를 제공하는 것이다. 고객 만족을 목적에 두면 매출 증대라는 목표는 자연스럽게 따라온다. 이처럼 경영에서도 목표와 목적을 명확히 설정하는 것이 중요하다.

미래의 경영자가 되고자 하는 MZ세대가 꼭 기억해야 할 점은, 목적을 분명히 하고 그에 맞는 목표를 꾸준히 실행하는 것이 성과를 만든다는 것이다. 목적을 기준으로 목표를 세우고 이를 성실히 실현해 나갈 때, 더 나은 미래와 지속 가능한 성공이 창출될 것이다.

🎲 36 꼰대공식

- 공식: 꿈이루기 = (목표설정 + 목적설정) + 매일확인
- 설명: 목표는 달성하고자 하는 구체적인 성과로, 최종 목적지로 가는 과정의 통과점이다. 반면, 목적은 이루고자 하는 최종적인 방향이자 비전이다. 이 두 요소가 결합될 때 비로소 진정한 성과로 이어질 수 있다. 여기에 매일 목표와 목적을 점검하고 되새기는 습관을 더하면 동기부여가 지속되고, 꿈을 현실로 바꾸는 강력한 원동력이 된다.

고객을 사로잡는
3가지 자신감

|

37

   미국에서 영업활동을 하면서 얻은 성과는 단순히 성공이라기보다는, 일본에서 만난 멘토 I 임원님의 가르침 덕분이었다. I 임원님은 모든 것을 갖춘 동시에 인자함까지 겸비한 분이셔서 함께 있는 것만으로도 마음이 포근해졌다. 그는 영업에 대한 열정과 마인드를 항상 강조하셨다. 영업에 있어 3가지 자신감을 반드시 갖추어야 한다고 가르쳐 주셨다.

   첫 번째, 회사에 대한 자신감이다.

   I 임원님은 영업사원이 자신의 회사를 믿지 못하면 고객도 신뢰할 수 없다고 하셨다. 회사가 규모가 작거나 시장에서 인지도가 낮더라도, 자신의 회사가 가진 철학과 비전, 방향성에 대한 믿음이 중요하다고 강조했다. 고객은 영업사원이 회사를 대변한다고 생각하기 때문에, 회사에 대한 확신이 전달되어야 한다고 말씀하셨다. 나 역시 미국 시장에 진출했을 때, 회사가 가진 스토리와 가능성을 이야기하며 고

객을 설득한 경험이 많았다.

두 번째, 제품에 대한 자신감이다.

회사의 신뢰가 바탕이 된다면, 제품이나 서비스에 대한 자신감이 두 번째로 중요하다. 제품을 제조하는 기술력이 경쟁사보다 좀 뒤쳐지더라도 제품의 가치를 진심으로 믿고 설명할 수 있어야 고객에게 설득력이 생긴다. I 임원님은 제품에 대해 공부하는 것을 게을리하지 말라고 하셨다. 나 또한 고객의 질문에 당당히 답할 수 있는 수준에 도달하기 위해 밤새도록 제품 매뉴얼을 읽으며 준비했던 기억이 난다.

세 번째, 자기 자신에 대한 자신감이다.

가장 중요한 것은 바로 자기 자신에 대한 믿음이다. 아무리 회사와 제품이 훌륭해도, 자신의 태도와 인성이 부족하면 고객은 신뢰하지 않는다. I 임원님은 자기 자신에 대한 자신감은 외모나 화려한 말솜씨가 아니라, 진심으로 고객을 대하는 태도에서 나온다고 하셨다. 고객은 영업사원의 마음가짐을 금방 알아챈다며, 이를 가장 소중히 여겼다. 내가 처음 큰 계약을 성사시켰던 순간도, 단순히 제품의 기능을 설명한 것이 아니라 내 진심이 전달되었던 것임을 느낄 수 있었다. I 임원님은 내가 "그러한 인성은 어떻게 배울 수 있나요?"라고 물었을 때, "고객에게 배울 수 있다"라고 답하셨다. 영업활동은 단순히 물건을 판매하는 일이 아니라, 고객을 통해 자신을 되돌아보고 결점을 보완하는 성장의 과정이라는 것이다. 고객은 우리의 거울이자 스승이기 때문이다.

미국에서 영업을 하며 만난 다양한 고객들 덕분에, 나도 점차 시야가 넓어지고 자신감을 더 키울 수 있었다. 고객의 니즈를 파악하고 해결책을 제시하면서, 그들과의 대화 속에서 내 부족한 점을 깨닫게 되었다. 때로는 까다로운 요구를 받기도 했지만, 이 모든 경험이 나를 더 나은 사람으로 성장시켰다. 결국 고객은 단순히 계약 상대가 아니라, 우리가 스스로를 발전시키도록 돕는 파트너였다.

영업은 단순히 돈을 벌기 위한 수단이 아니라, 인간적인 관계를 맺고 성장해 가는 과정이다. 고객을 통해 배우고, 자신감을 키우고, 진심으로 다가가는 태도가 있다면, 우리는 결국 스스로를 뛰어넘는 사람이 될 수 있다. MZ세대에게도 이 이야기가 공감이 되었으면 한다. 자신의 부족함에 초조해하기보다, 성장의 기회를 제공해 줄 고객에게 겸손히 대하고 그들과의 관계에서 배우려는 자세를 가질 때, 더 큰 자신감과 성취감을 얻을 수 있을 것이다.

- 공식: 고객만족 = (회사 + 제품 + 자기자신) × 자신감
- 설명: 고객을 만족시키기 위해서는 세 가지 자신감이 필수적이다. 첫째, 회사에 대한 자신감이다. 자신의 회사가 가진 철학과 비전에 대한 확신이 고객에게 신뢰를 준다. 둘째, 제품에 대한 자신감이다. 제품의 품질과 가치를 진심으로 믿고 고객에게 전달할 수 있어야 한다. 셋째, 가장 중요한 것은 자기 자신에 대한 자신감이다. 고객은 영업사원의 태도와 인성을 가장 먼저 본다. 진심 어린 태도와 성실함에서 자신감이 드러날 때, 고객은 비로소 신뢰하고 만족을 느낀다.

글로벌 비즈니스를 성공으로 이끄는
스피드와 간결함

|

38

2014년, 미국 주재원으로 일했던 경험은 내 삶의 터닝 포인트였다. 결혼과 동시에 낯선 미국에서 새 환경에 적응해야 했고, 첫째 딸 지아가 태어나며 아빠로서 역할도 시작되었다. 그와 동시에 본사에서 계속된 출장 지시로 미국, 일본, 한국을 오가며 다양한 업무를 소화해야 했다. 워라밸을 중시한다는 미국에서도 글로벌 기업의 현실은 치열했다. 뉴저지에서 아침 일찍 출발해 지방 도시를 들렀다 미시건 본사에서 하루 종일 회의를 진행한 뒤 밤늦게 비행기로 돌아오는 일정은 흔했다. 이런 환경 속에서 업무와 개인 삶의 균형을 맞추는 일은 쉽지 않았다.

뉴저지 공장은 일본 기업으로의 인수 초기 단계에 있었다. 일본과 미국 기업의 문화를 동시에 경험할 수 있었던 시기였다. 일본 기업은 고용 안정성을 중시했지만, 미국 기업은 성과 중심적으로 필요에 따라 빠르게 결정을 내렸다. 어느 날, 인사부장과 직원들이 면담을 마치고 몇몇 직원이 바로 회사를 떠나는 모습을 목격했다. 효율적이지만 냉정한 방식이었다. 이런 차이를 직접 경험하며 양국의 강점과 약점을 배울 수 있었다.

미국에서 회의와 업무는 스피드와 간결함이 핵심이었다. 회의에선 핵심 메시지를 짧고 명확하게 전달해야 했고, 불필요한 장황함은 철저히 배제되었다. "자료를 읽을 거라면 차라리 이메일로 보내라"라는 말처럼, 이메일 작성에서도 결론부터 간결하게 서술하는 것이 기본이었다. 일본 기업은 자료의 완성도와 디테일에 치중하는 경향이 강했지만, 이는 오히려 속도를 늦추는 요인이 되었다. 반면, 미국의 엘리트들은 불필요한 설명을 최소화하고 핵심만 강조해 효율을 극대화했다. 고객과의 소통에서도 '이 정보가 왜 중요한가'를 명확히 하는 것이 중요했다.

미국에서 경험하고 배운 가장 큰 교훈은 스피드와 간결함이라는 무기였다. 이 원칙은 단순히 업무 효율을 높이는 데 그치지 않고, 상대방의 신뢰를 얻는 데도 결정적 역할을 했다. 지금 내가 작성하는 이메일이나 보고서가 누구를 위한 것이며, 왜 필요한 것인지 분명히 알고, 메시지를 간결하게 전달하는 습관을 기른다면 다양한 분야에서 더 큰 성과를 낼 수 있을 것이다.

MZ세대에게 전하고 싶은 메시지는 바로 이것이다. 빠르게 변화하는 세상에서 중요한 것은 핵심을 파악하고 효과적으로 전달하는 능력이다. 길고 복잡한 설명 대신, 본질에 집중하고 중요한 메시지를 간결하게 전달하는 법을 익히자. 이는 동료와 고객의 신뢰를 얻는 데 강력한 무기가 될 뿐만 아니라, 자신을 더욱 돋보이게 만드는 능력으로 자리 잡을 것이다.

🗳 38 꼰대공식

- 공식: 엘리트업무 = 스피드 + 간결함
- 설명: 빠르게 변화하는 현대 사회에서 성공적인 업무 처리를 위해선 두 가지가 필수적이다. 스피드는 신속한 판단과 실행으로 기회를 놓치지 않는 능력을 뜻한다. 간결함은 복잡한 정보를 핵심만 추려 효율적으로 전달하는 기술이다. 이 두 가지가 결합되면 불필요한 시간 낭비를 줄이고, 명확한 의사소통으로 더 나은 결과를 이끌어낼 수 있다. 업무 속도와 정보의 간결함은 단순한 스킬이 아니라, 신뢰를 쌓고 경쟁력을 높이는 중요한 무기다.

직장에서 배우는
돈의 의미

|

39

회사는 다양한 부서로 구성되어 있지만, 그중에서도 영업은 기업의 매출과 이익을 책임지는 핵심 부서다. 영업은 단순히 제품이나 서비스를 판매하는 역할을 넘어, 회사의 지속 가능성을 유지하고 성장의 토대를 마련하는 중요한 기능을 한다. 매출의 성패는 직원들의 급여와도 직결되며, 이는 결국 회사와 직원 모두에게 중요한 돈이라는 주제로 연결된다.

이처럼 영업은 돈과 밀접하게 관련되어 있다. 하지만 영업활동을 통해 돈의 중요성을 경험하면서, 단순히 경제적 성과를 넘어 돈이 가진 더 큰 의미를 고민해 보게 된다. 돈은 우리가 직장 생활을 하는 이유 중 하나이며, 성과를 내고 성장하는 과정 속에서 반드시 마주하게 되는 결과물이다. 하지만 돈을 단순한 결과로만 바라볼 것이 아니라, 그 본질과 가치에 대해 한 번쯤 생각해 볼 필요가 있다.

우리는 돈에 대해 얼마나 깊이 생각해 보았을까? 학교에서는 돈의 의미를 제대로 가르쳐 주지 않으며, 사회에 나와서도 돈의 본질을 설명해 주는 사람을 찾기 어렵다. 하지만 사회생활을 시작하면 돈이 단순히 물질적 풍요를 넘어 삶의 방향을 결정짓는 중요한 요소임을 자연스럽게 깨닫게 된다. 한자에서 재산財産, 저축貯蓄, 판매販売 같은 단어에 조개 '패貝' 자가 포함된 것은 과거 조개껍데기를 화폐로 사용했던 흔적이다. 이처럼 돈은 인류의 역사와 깊이 연결되어 있으며, 현대 사회에서도 여전히 우리의 삶을 움직이는 중요한 도구다.

많은 사람들이 "돈이 인생의 전부는 아니다"라고 말하지만, 그것이 삶에서 중요한 요소라는 사실은 부정할 수 없다. 돈은 단순히 물질적 수단이 아니라 우리의 선택권과 자유를 결정짓는 중요한 자원이다. 충분한 돈이 있다면 가고 싶은 곳에 가고, 배우고 싶은 것을 배우며, 하고 싶은 일을 선택할 수 있다. 반면, 돈이 부족하면 선택의 폭이 제한되고 삶의 방향도 그만큼 제약을 받는다.

돈은 삶의 선택지를 넓히는 강력한 도구다. 이를 제대로 이해하고 다룰 줄 안다면, 우리는 더 많은 자유와 기회를 누릴 수 있다. 돈은 단순히 생계를 위한 교환 수단이 아니라, 더 나은 삶을 설계할 수 있는 중요한 자원이다. MZ세대라면 돈을 바라보는 관점을 조금 바꿔보는 것도 좋을 것이다. 돈이란 그저 많이 벌기 위해 애쓰는 대상이 아니라, 삶의 질과 자율성을 높이고 자신이 원하는 미래를 선택할 수 있게 하는 수단이다.

결국 돈은 우리의 삶을 풍요롭게 만드는 도구다. 현명하게 돈을 관리하고 활용하는 방법을 배우는 것은 직장 생활과 개인적인 성공 모두에 필수적이다. 앞으로 돈의 본질을 이해하고 더 나은 기회를 만들어가는 여정을 함께 생각해 보자. 여러분에게 돈이 단순히 물질적인 가치를 넘어, 삶의 자유와 풍요를 설계하는 열쇠가 되기를 바란다.

📦 꼰대공식

- 공식: 돈 = 자유
- 설명: 돈은 단순한 물질적 자산을 넘어 더 많은 자유와 선택을 가능하게 하는 수단이다. 돈을 사용해 자신의 삶의 방향을 자유롭게 설정할 수 있으며, 원하는 목표를 달성하는 데 필요한 자원을 마련할 수 있다. 돈의 의미를 진지하게 고민하는 것은 단순히 소비를 줄이는 것이 아니라, 재정적 목표를 설정하고 이를 달성하기 위한 전략을 세우는 것을 의미한다. 이를 통해 개인의 삶의 질을 향상시키고 장기적으로 안정된 미래를 준비할 수 있다. 돈의 가치를 재평가하고 현명하게 관리하는 습관이 중요하다.

삶을 풍요롭게 하는
돈 활용 능력

돈이 있으면 선택지가 넓어지고, 하고 싶은 일에 도전할 기회가 많아진다. 자기계발을 위한 교육 투자, 취미생활의 도전, 가족과 더 풍요로운 시간을 보내기 위한 선택지도 확장된다. 이런 점에서 돈은 분명 삶의 자유를 상징하는 요소다. 하지만 돈은 목적이 아니라 삶을 더 나아지게 하는 수단이어야 한다.

요즘은 MZ들이 단기간에 돈을 벌 수 있는 방법에만 집중하기도 한다. 주식 투자나 가상화폐 등 쉽게 돈을 벌 수 있을 것처럼 보이는 수단이 주목받는다. 그러나 이런 수단에는 높은 리스크가 있다. 단기간의 욕심 때문에 모든 것을 잃을 위험도 크다. 쉽게 들어온 돈은 쉽게 나갈 수 있다. 따라서 돈에 대한 단편적인 사고방식을 버리고, 올바른 태도를 갖추는 것이 중요하다.

돈을 제대로 활용하기 위해서는 사회생활의 기본을 다지는 것이 우선이다. 성실함, 책임감, 타인에 대한 배려는 사회생활의 기반이 되는 요소다. 성실함은 신뢰를 쌓는 데 필수적이며, 신뢰는 장기적인 성공과 돈을 운용하는 데 있어 중요한 자산이 된다. 책임감 역시 중요하다. 돈은 그 사용 방식에 따라 삶을 풍요롭게 만들 수도 있지만, 무책임한 소비와 투자는 오히려 불행을 초래할 수 있다. 돈을 다룰 때는 자신의 행동이 주변 사람들에게 미칠 영향을 고려해야 한다. 타인과 협력하며 함께 성장하려는 태도는 더 큰 성공과 자유를 가져다준다.

또한 돈은 단순한 목표가 아니라, 삶을 풍요롭게 하는 도구로 여겨져야 한다. 돈을 얻기 위해서는 기술과 지식, 경험을 쌓아야 한다. 이런 것들은 돈 자체보다 더 가치 있는 자산으로, 삶을 장기적으로 지탱해 주는 힘이 된다. 내가 다양한 나라에서 새로운 환경을 경험하며 얻은 것도 바로 이런 지식이었다. 여러 조직에서 살아남아야 했고, 고객의 요구를 이해하며 정보를 분석하고 전략을 세웠다. 이 모든 경험은 결국 내 재산을 늘려주는 든든한 자산이 되었다. 지식이 있으면 올바른 투자로 이익을 극대화할 수 있고, 손해를 보더라도 스스로를 보호할 수 있다.

MZ세대에게 말하고 싶다. 단순히 돈을 버는 것만을 목적으로 삼지 말고, 자신을 성장시키는 데 집중하라. 독서하며 지식을 쌓고, 이를 삶의 도구로 활용하라. 성실함과 책임감을 유지하며, 타인과 협력하는 자세를 갖춘다면 돈은 자연스럽게 따라올 것이다. 돈은 우리에게 많은 가능성을 제공하지만, 그 사용 방식에 따라 삶을 풍요롭게 만들 수도, 빈곤하게 만들 수도 있다. 올바른 태도로 돈과 마주한다면, 풍요롭고 충만한 삶을 만들 수 있을 것이다.

꼰대공식

- 공식: 삶의 풍요 = 돈 × (성실함 × 책임감 × 배려)
- 설명: 삶의 풍요는 단순히 돈의 많고 적음으로 결정되지 않는다. 돈은 선택지를 확장하는 중요한 수단이지만, 이를 어떻게 활용하느냐에 따라 삶의 질이 좌우된다. 성실함은 신뢰를 형성하고 지속적인 기회를 제공하며, 책임감은 자신의 행동이 미칠 영향을 고려하여 올바른 선택을 가능하게 한다. 배려는 타인과 협력해 더 큰 성장을 이루게 한다. 이러한 성실함, 책임감, 배려와 어우러질 때 돈은 단순한 수단을 넘어 삶을 풍요롭게 만드는 기반이 된다. 돈은 목적이 아니라 더 나은 삶을 위한 수단으로 활용되어야 한다.

더 많은 돈을 벌 수 있는 현실적인 방법들

돈을 많이 벌기 위한 현실적인 방법은 무엇일까? 이는 누구나 한 번쯤 고민해 본 질문이다. 돈이 많으면 좋다는 것은 사실이지만, 쉽게 돈을 벌 수 있다는 이야기는 대부분 과장된 경우가 많다. '쉽게 돈을 버는 방법'이라는 유혹적인 말들을 들을 때는 경계심을 가져야 한다.

특히 MZ세대에게 꼭 전하고 싶은 말은 기본에 충실하라는 것이다. 돈을 벌기 위해서는 자기 자신을 먼저 갈고닦아야 한다. 자기계발에 힘쓰고, 자신의 가치를 최대한 높이는 것이 필요하다. 이를 위해서는 전문 지식을 쌓고, 외국어를 공부하며 한 분야에서 깊이 있는 능력을 갖추는 것이 중요하다. 기본기가 튼튼해야 어디서나 인정받을 수 있기 때문이다. 돈을 벌고 싶다면 기본적인 원리를 이해하고, 지속적인 자기계발을 하면서 자신의 가치를 키워야 한다. 이는 오랜 시간에 걸쳐 이뤄지는 과정이며, 그 과정에서 얻은 지식과 경험이 결국 성공으로 이어진다. MZ세대는 일시적인 유혹에 흔들리지 말고, 장기적인 목표를 세우고 꾸준히 노력해야 한다. 결론적으로, 돈은 쉽게 벌리는 것이 아니다. 기본을 충실히 다지고, 자기 자신을 꾸준히 발전시키는 과정이 결국 장기적인 성과로 이어질 것이다.

5

자기계발은
직장 생존 원동력

일찍 출근하는 것만으로도
승진과 자기계발을 동시에 잡는 법

|

41

MZ세대에게 워라밸Work-Life Balance은 그 무엇보다 중요하다. 회사에 모든 시간을 쏟기보다는 퇴근 후 자기계발을 통해 미래를 준비하고 싶어 한다. 한 회사에서 평생 일하는 시대는 이미 끝났고, 새로운 기회와 도전을 위해 꾸준히 자신에게 투자하는 것이 필수가 되었다. 하지만 현실은 녹록지 않다. 업무가 끝나지 않아 늦게까지 야근을 하거나 일찍 퇴근하려 해도 상사의 눈치를 봐야 하는 상황이 여전히 존재한다. 이런 고민을 해결하면서 업무 효율과 자기계발을 동시에 잡을 수 있는 가장 좋은 방법이 있다. 아침에 남들보다 1시간 일찍 출근하는 것이다.

일찍 출근하는 습관은 단순해 보이지만 강력한 변화를 가져온다. 우선, 절대 지각할 일이 없기 때문이다. 회사원에게 지각은 그 자체로 '의욕이 없다'는 평가를 남기며 신뢰를 잃게 한다. 반대로 매일 아침 일찍 출근하는 사람은 성실함과 열정을 보여주며 임원이나 상사의 눈에 자연스럽게 띄게 된다. 이렇게 작은 차이가 쌓이면 결국 더 큰 신뢰와 기회를 얻게 된다.

일본에서 근무하던 시절, 출근 시간은 9시였지만 나는 매일 아침 7시에 출근했다. 사무실은 조용했고 컴퓨터 자판 소리만 들릴 뿐이었다. 그 고요한 시간은 온전히 나만의 집중 시간이었다. 한국지사장이 되고 나서는 더 일찍, 아침 6시 반에 출근해서 회사 전반을 점검하곤 했다. 일찍 출근하는 덕분에 직원들이 어떤 업무를 진행하는지 자연스럽게 파악할 수 있었고, 일찍 출근하는 사람들 중에는 임원이나 핵심 인재들이 많아 그들의 행동을 보며 많은 것을 배울 수 있었다.

아침 시간은 저녁보다 훨씬 더 효율적이다. 아침 1시간은 저녁의 3시간과도 같다고 말할 수 있다. 퇴근 후 자기계발을 하려고 해도 피로감이나 주변의 연락, 잡다한 생각 때문에 집중하기 어려운 경우가 많다. 하지만 아침은 다르다. 거래처나 고객사의 전화도 없고 아무도 말을 걸지 않는 시간이다. 이 시간에 유튜브 강의를 보거나, 전문 서적을 읽고, 외국어 연습을 하면 놀라운 집중력을 발휘할 수 있다. 이렇게 아침 시간을 활용하면 남들보다 한 발 더 나아갈 수 있다.

일찍 출근하는 방법은 간단하다. 일찍 자고 일찍 일어나는 습관을 들이면 된다. 출근 시간을 역으로 계산해 최소 1시간 일찍 도착하도록 계획하자. 업무를 아침 일찍 시작하면 하루의 리듬이 빨라지고, 퇴근 후에도 자기계발에 투자할 여유가 생긴다. 회식이나 술자리가 있어도 가급적 1차에서 마무리하고 11시 전에 잠들 준비를 하자.

만약 당신이 임원이라면 어떤 직원을 더 높이 평가하겠는가? 매일 아침 먼저 출근해 인사하는 직원과 늦게까지 일하며 야근 수당을 요청하는 직원 중 누가 더 신뢰가 갈까? 일을 잘한다는 평가는 주관적이지만, "일찍 출근했네!"라는 말은 확실한 성실함의 증거다. 이 말 한마디는 상사나 임원들이 당신을 높이 평가하고 있다는 뜻이며, 출세의 지름길이 될 수 있다.

결국 회사에서 인정받고 성장하려면 아침 시간을 정복해야 한다. 일찍 출근해 나만의 자기계발 시간을 확보하고, 주변에서 성실함과 열정을 보여주어라. 나 역시 이러한 습관 덕분에 빠르게 성장할 수 있었고, 더 많은 기회를 잡았다. MZ세대여, 아침 1시간을 당신의 무기로 만들어라. 이 작은 변화가 당신의 미래를 바꿔놓을 것이다.

🗄 41 꼰대공식

- 공식: 성공가속 = (아침집중 + 자기계발) + 꾸준함
- 설명: 아침집중, 자기계발, 꾸준함은 성공을 가속화하는 핵심 요소다. 아침은 외부 방해 없이 집중력을 최대치로 발휘할 수 있는 시간으로, 이때 지식과 기술을 쌓는 자기계발에 투자하면 성장 속도가 눈에 띄게 빨라진다. 하지만 한 번의 노력만으로는 충분하지 않다. 꾸준함이 더해질 때 비로소 장기적인 성과와 지속 가능한 성공을 이룰 수 있다. 매일 아침집중과 자기계발이 쌓이면 업무 능력은 물론 커리어 성장에도 탄탄한 기반이 된다.

매일 창의력을 끌어올리는
3가지 핵심 습관

|

42

회사에서 인정받으려면 무엇을 해야 할까? 나는 매일 아침 출근 후 ToDo 리스트 작성으로 하루를 시작했다. 노트북에 메모하는 것도 좋지만, 손으로 직접 써 내려가며 업무의 중요도를 정리하는 과정은 더욱 효과적이다. 손 글씨로 작성하는 행위는 단순히 계획을 기록하는 것을 넘어 업무를 체계적으로 사고하고, 실행력을 높이는 데 큰 도움이 되었다. 성공하는 사람과 그렇지 못한 사람의 차이는 간단하다. 성공하는 사람은 좋은 습관을 행동으로 옮긴다. 반면, 그렇지 못한 사람은 그것이 좋다는 사실을 알고도 실천하지 않는다. 결국 작은 습관의 반복이 미래를 만든다는 점을 잊지 말아야 한다.

내 경험에 비추어보면, 아침은 하루 중 가장 생산성이 높은 시간대다. 머리가 맑은 아침에 책상 앞에 앉아 기획서를 작성하거나 아이디어를 떠올리는 데 집중했다. 기획의 핵심은 상대방에게 얼마나 새로운 가치를 제공하고 강렬한 인상을 남길 수 있느냐에 달려 있다. 많은 사람은 기획서를 작성할 때 주제를 설정하거나 포인트를 고민하는 데 많은 시간을 들인다. 하지만 나는 가치와 임팩트를 전달하는 내용을 만들어내는 것이 진정으로 중요함을 깨달았다. 이 목표를 염두에 두고 아침 시간을 활용해 전략적으로 사고하면, 짧은 시간에도 높은 성과를 낼 수 있다.

출근길에 걷는 동안에도 많은 아이디어가 떠오르곤 했다. 예를 들어, 상사에게 제안할 내용을 구상하거나 기획의 방향을 설정할 때, 걸으면서 머릿속이 정리되는 경험을 자주 했다. 다행히 일본 동경 본사(오사키역)에서는 점심시간 후 산책할 수 있는 쾌적한 장소들이 많았다. 도심 한가운데 위치했지만 의외로 작은 공원이나 녹지가 많아 산책하며 아이디어를 정리하기에 좋은 환경이었다. 미국에서도 마찬가지였다. 뉴저지 공장 앞에는 공원처럼 넓은 장소가 있어 점심식사 후 핸드폰은 책상에 두고 노트와 볼펜만 들고 산책에 나섰다. 이 시간은 단순한 휴식이 아니라 머리를 맑게 하고 창의력을 끌어올리는 중요한 순간이었다.

걸으면서 새로운 자극을 받고 창의적인 사고를 하는 것은 책상 앞에만 앉아 고민하는 것보다 훨씬 효과적이다. 특히 걸으면서 떠오른 아이디어를 바로 메모하는 습관은 중요하다. 생각은 순간적이기에 기록하지 않으면 금세 사라진다. 출근길에 '오늘 무엇을 할지'를 구상하며 ToDo 리스트를 작성하면, 회사에 도착한 후 바로 행동으로 옮길 수 있어 시간활용이 효율적이다. 이런 습관은 바쁜 일상을 보내는 현대인에게 훌륭한 스피드 업무 기술이 된다.

기획은 특정 장소나 시간에만 국한되지 않는다. 전철 안, 길거리, 심지어 잠시 쉬는 순간에도 좋은 아이디어는 떠오를 수 있다. 중요한 것은 평소에 꾸준히 생각하는 습관을 들이는 것이다. 단 1분 만에 떠오른 아이디어가 몇 시간 동안 고민한 것보다 훨씬 나을 때도 있다. 하지만 기획은 한 번의 영감으로 끝나지 않는다. 떠오른 아이디어를 메모하고, 끊임없이 다듬으며 발전시켜야 진정한 가치를 담을 수 있다.

MZ세대는 빠르게 변화하는 환경 속에서 자신만의 루틴을 구축하는 것이 중요하다. 아침 시간을 활용하고, 걸으며 떠오른 아이디어를 메모하며, 꾸준히 생각하는 습관은 단순히 업무 효율을 높이는 것을 넘어 자신을 성장시키는 원동력이 된다. 성공적인 기획과 업무는 하루아침에 이루어지지 않는다. 좋은 습관을 지속하고, 작은 실천을 쌓아나가는 과정이 결국 자신만의 경쟁력을 만드는 길이다. 작은 변화가 큰 성과를 만든다. 지금 바로 나만의 루틴을 시작해 보자.

🗄️ 42 꼰대공식

- 공식: 창의적 업무 = (집중력 + 외부자극) + 기록실천

- 설명: 창의적 업무는 집중력과 외부자극, 그리고 기록실천이라는 세 가지 요소가 결합될 때 빛을 발한다. 집중력은 생산적인 사고를 가능하게 하고, 외부자극은 새로운 아이디어와 영감을 제공한다. 하지만 이 두 요소만으로는 충분하지 않다. 떠오른 아이디어를 기록하고 발전시키는 실천이 더해져야 비로소 창의적인 결과물이 완성된다.

작은 습관으로
자기계발 시간을 만드는 법

|

43

시간 관리는 누구나 어려운 과제다. 특히 MZ세대에게 업무와 자기계발, 그리고 삶의 균형을 맞추는 일은 더 큰 도전으로 다가온다. 나역시 비슷한 경험을 했다. 회사에서 예상치 못한 회장님의 지시, 임원들의 요청, 그리고 내가 맡은 업무까지 동시에 처리해야 하는 날들이이어졌다. 이런 상황에서 시간을 효율적으로 관리하지 않으면 모든것이 엉망이 될 수 있다는 걸 깨달았다.

그래서 매일 퇴근 전, 다음 날 해야 할 일을 간단히 메모하는 습관을들였다. 이렇게 미리 준비하면 아침에 무엇을 해야 할지 명확해져 하루를 체계적으로 시작할 수 있었다. 또한 업무를 처리할 때 비슷한 성격의 일을 묶어서 한 번에 해결하려고 했다. 예를 들어, 회장님 서류와 임원 보고서를 미리 준비해 항상 가지고 다녔고, 마주치는 순간 바로 보고를 끝냈다. 전화 업무는 리스트를 작성해 한 번에 처리했고,이메일 작성과 발송 역시 정해진 시간에 몰아 했다. 미팅도 가능한 한

하루로 몰아 일정을 정리했다. 이렇게 시간을 효율적으로 활용하며 업무를 처리했으며, 하루에 한 시간은 꼭 나만의 시간을 만들어 업무 관련 서적을 읽으며 자기계발에 집중했다.

MZ세대가 자기계발 시간을 확보하기 위해 실천할 수 있는 방법은 회사 안팎에서 모두 활용할 수 있다. 첫 번째는 사전준비다. 매일 저녁 다음 날을 준비하는 작은 습관이 시간 관리의 기본이다. 출근 전날 입을 옷을 미리 골라두고, 구두를 손질하거나 아침에 필요한 물건을 미리 챙겨두는 것처럼 간단한 준비로 아침 시간을 절약할 수 있다. 이런 준비는 아침의 허둥거림을 줄이고 하루를 여유롭게 시작하게 만들어준다.

두 번째는 동시행동이다. 단순한 활동을 하면서 자기계발을 병행하는 방식이다. 예를 들어, 청소나 설거지를 하면서 유익한 유튜브 영상을 들을 수 있다. 출퇴근 시간도 중요한 자기계발 시간으로 바꿀 수 있다. 이동 중에 책을 읽거나 오디오북을 듣는 습관은 자투리 시간을 가치 있게 만든다. 나는 자기 전에 경영 강의를 틀어놓고 들으며 지식을 쌓았다. 이런 방식은 작아 보이지만 일상 속 낭비되는 시간을 최소화하고, 그 시간을 자기계발로 연결하는 중요한 습관이다.

작은 시간이라도 꾸준히 쌓으면 큰 변화를 만들어낼 수 있다. 출퇴근, 집안일, 준비 시간처럼 무심코 흘려보내던 시간들을 활용하면 자기계발의 기회는 자연스럽게 늘어난다. 시간은 누구에게나 똑같이 주어지지만, 어떻게 사용하느냐에 따라 결과는 완전히 달라질 수 있다.

결국, 바쁜 일상에서도 사전준비와 동시행동 같은 작은 습관을 실천

한다면, 자기계발 시간을 확보하고 자신의 역량을 꾸준히 키울 수 있다. 시간 관리는 단순히 많은 일을 처리하는 데 그치지 않는다. 한정된 시간을 효율적으로 사용하며 목표를 향해 나아가는 것이 핵심이다. 작은 실천을 꾸준히 이어간다면, MZ세대도 더 나은 미래를 위한 발판을 마련할 수 있다.

🎲43 꼰대공식

- 공식: **가치시간 = 사전준비 + 동시행동**
- 설명: 바쁜 일상에서도 가치 있는 시간을 만들자. 사전준비는 하루를 체계적으로 시작하기 위해 필요한 작은 습관으로, 전날 할 일을 정리하거나 필요한 준비를 미리 끝내는 행동을 포함한다. 이를 통해 불필요한 시간을 절약하고 하루를 더 생산적으로 보낼 수 있다. 동시행동은 자투리 시간을 자기계발과 결합해 가치 있는 활동으로 만드는 방식이다. 낭비되는 시간을 최소화하고, 하루를 더욱 알차게 사용하여 개인의 성장을 도모하는 데 효과적이다.

낭비 없는 시간 관리로
성장하는 하루

|

44

회사 생활을 하다 보면 "너무 바쁘다"라는 말을 입에 달고 사는 사람들이 많다. 시간이 부족하다는 느낌은 누구에게나 익숙한 감정일 것이다. 특히 출장이 잦은 업무를 맡고 있다면 상황은 더욱 복잡해진다. 평소 하던 일은 뒷전으로 밀리고 출장 업무가 최우선이 된다. 이동 시간이 길어지고, 해외 출장은 시차와 긴 비행시간 때문에 더욱 제약이 많은 환경이지만, 이런 상황에서도 시간을 효율적으로 사용하는 방법을 찾는 것은 필수적이다.

동경 본사에서 근무하던 시절을 떠올려 보면, 동남아시아에 있는 한국 기업들과의 협업을 위해 1년 중 절반은 해외에서 보냈다. 미국 주재원으로 일하면서도 일본 출장이 많았다. 처음에는 이런 일정 속에서 시간이 턱없이 부족하다고만 느꼈지만, 곧 이동 시간을 업무 공간으로 적극 활용하기 시작했다. 공항에서는 수속 절차를 빨리 마치고 탑승 게이트 근처에서 노트북을 펼쳐 업무를 처리했다. 비행기 안에서는 인터넷이 가능할 경우 메일과 보고서를 작성했고, 인터넷이 되지 않을 때를 대비해 필요한 자료를 미리 다운로드해 회의록을 정리하거나 서류를 검토했다.

동남아시아에서는 해외 지사가 준비한 차량과 운전기사가 있어서 이동 중에도 와이파이가 연결된 노트북과 스마트폰만 있으면 차 안이 하나의 작은 사무실이 되었다. 물론 비포장도로를 달릴 때는 멀미를 참아가며 일하기도 했지만, 이런 방식으로 이동 시간을 활용하면서 효율성을 극대화할 수 있었다. 출장 중이라고 스마트폰으로 유튜브를 보며 시간을 흘려보내는 대신, 업무에 도움이 되는 전문 서적을 읽으며 새로운 아이디어를 얻고 실무에 적용할 수 있는 내용을 찾아냈다. 이러한 습관은 바쁜 출장 일정 속에서도 업무 효율을 높이고 자기계발에도 소홀히 하지 않게 해줬다. 짧은 시간이라도 허투루 쓰지 않는 태도는 업무성과뿐 아니라 개인적인 성장에도 큰 힘이 되었다.

많은 MZ세대가 시간을 관리하기 어렵다고 느끼는 이유 중 하나는 바로 스마트폰 사용이다. 유튜브와 같은 영상 플랫폼을 무의식적으로 켜두고 시간을 낭비하는 경우가 많다. 물론 유익한 콘텐츠는 예외지만, 아무 목적 없이 흘려보내는 시간은 장기적으로 큰 손실을 낳는다. 하루에 단 1시간만 유익하지 않은 콘텐츠를 본다고 가정해도, 일주일에 7시간, 한 달이면 30시간, 1년이면 무려 365시간이다. 만약 이 시간을 독서에 투자한다면, 1년에 약 90권의 책을 읽을 수 있다. 이는 지식과 사고력을 크게 높이고 더 나은 기회를 만들어주는 계기가 될 수 있다.

시간 관리는 작은 습관에서부터 시작된다. 이동 중에 스마트폰으로 무의미한 콘텐츠를 소비하기보다, 업무를 처리하거나 유익한 내용을 읽는 것만으로도 삶의 질은 크게 달라질 수 있다. 나처럼 출장 중 짧은 시간이라도 생산적으로 활용한다면 업무 효율뿐 아니라 자기계발에도 긍정적인 변화를 가져올 수 있다. 시간을 잘 관리하기 위해서는 먼저 자신이 어떻게 시간을 사용하는지 스스로 돌아볼 필요가 있다. 어떤 활동이 자신의 성장과 목표에 도움이 되는지 판단하고, 더 나은 결과를 위해 생산적인 일에 시간을 투자해야 한다. 하루에 1시간만 더 효율적으로 활용해도 일주일, 한 달, 1년 뒤에는 삶이 눈에 띄게 달라질 것이다. 시간은 누구에게나 똑같이 주어지지만, 그것을 어떻게 활용하느냐에 따라 삶의 방향은 완전히 달라질 수 있다. 지금 시작하는 작은 노력이 쌓이면 더 나은 미래와 성공으로 이어질 것이다. 시간을 잘 관리하는 습관은 단순한 효율성을 넘어 삶의 질을 높이고, 자신을 성장시키는 중요한 도구다.

- 공식: 성장력 = (시간활용 + 효율성) + 지속성
- 설명: 성장은 시간을 어떻게 활용하느냐에서 시작된다. 주어진 시간을 효율적으로 관리하고 생산적인 활동에 집중할 때, 개인의 발전 속도는 자연스럽게 빨라진다. 그러나 효율적인 시간활용만으로는 부족하다. 이를 꾸준히 지속하는 태도가 더해질 때 비로소 장기적인 성과와 성공으로 이어진다. 매일의 작은 노력들이 쌓여 지속성이 더해지면, 이는 강력한 성장의 원동력이 된다.

영어 울렁증?
실전 영어 공식으로 극복하는 방법

|

45

외국어 공부는 이제 선택이 아니라 필수가 되었다. 특히 영어는 비즈니스 세계에서 살아남기 위한 필수 도구가 되었다. 나 역시 영어로 커리어를 확장해 온 경험이 있어, 이를 MZ세대와 공유하고자 한다. 내가 영어 공부를 시작한 것은 단순히 외국어 하나를 더 잘하고 싶어서가 아니라, 해외에서 실질적인 업무를 수행하기 위한 목적이 있었다. 이처럼 명확한 목표를 설정하는 것이 가장 중요하다. 막연한 동기만으로는 금방 지치기 마련이다.

나는 일본어를 중학교 때부터 독학으로 시작해 30년 넘게 사용하고 있다. 일본 뉴스와 신문으로 매일 아침을 시작하고, 존경하는 일본 경영자들의 강의를 들으며 잠드는 루틴이 생활화되었다. 그러나 영어는 달랐다. 미국 주재원으로 부임했을 당시, 영어는 나에게 큰 벽이었다. 첫 미팅에서는 미국 동료들의 대화가 전혀 들리지 않았다. 나와 대화할 때만 겨우 이해할 수 있을 정도였다. 하지만 이런 상황에서 좌절하지 않고 방법을 찾아야 했다.

처음에는 모든 미팅에 대본을 준비했다. 회의 며칠 전부터 내가 해야 할 말을 A4 용지에 영어로 작성했고, 대본을 읽으며 미팅에 임했다. 정기적으로 반복되는 미팅에서는 비슷한 표현이 반복되기 때문에 익숙해지기 시작했다. 여기서 중요한 점은 단순히 대본을 읽는 데 그치지 않고, 문법 틀을 활용해 다양한 표현을 연습하는 것이다. 실제 미팅에서 자연스럽게 사용할 수 있도록 연습하는 과정이 필수다.

업무와 관련된 단어와 표현을 정리한 나만의 단어장을 만들었다. 특히 비즈니스 영어에서는 특정 용어가 반복되므로 이를 철저히 익히는 것이 중요하다. 모르는 단어는 인터넷으로 검색해 다양한 예문과 함께 공부했다. 이렇게 축적한 단어들은 문장 속에서 활용하며 반복 학습으로 익숙해질 수 있었다.

미팅에서 가장 어려운 순간은 예상치 못한 질문을 받을 때였다. 이럴 때 나는 화이트보드를 적극 활용했다. 제품 공급 루트를 설명하거나 데이터 시각화를 할 때 간단한 그림과 표를 활용해 내용을 설명했다. 화이드보드는 나의 부족한 영어를 보완해 주었고, 상대방과 의사소통을 원활하게 할 수 있도록 해주었다. 무엇보다 중요한 것은 성실한 태도로 설명하려는 노력이다. 상대방은 단순히 언어 능력을 평가하기보다는 전달하려는 진심과 태도를 높이 평가했다.

MZ세대는 글로벌 무대에서 활약할 기회가 많아지고 있다. 영어 공부는 단순히 언어 능력을 높이기 위한 것이 아니라, 자신을 표현하고 상대방과 신뢰를 쌓기 위한 도구다. 나의 사례처럼 구체적인 목표를 설정하고, 이를 실현하기 위한 방법을 하나씩 실천해 보자. 대본을 작성하고, 전문 용어를 정리하며, 화이트보드를 활용하는 작은 습관들이 쌓이면 비즈니스 영어에 대한 자신감이 생길 것이다.

외국어는 꾸준한 노력이 필요하다. 하지만 목표를 분명히 하고, 이를 이루기 위해 전략적으로 접근하면 반드시 성과를 얻을 수 있다.

🔲 꼰대공식

- 공식: 영어대응 = 대본작성 + 용어정리 + 화이트보드
- 설명: 실전 영어는 철저한 준비와 반복적인 연습으로 완성된다. 미팅이나 발표 전에 대본을 작성해 핵심 내용을 정리하고 자연스럽게 말하는 연습을 한다. 자주 쓰는 단어와 표현을 정리해 익히고, 반복 활용해 실전 대응력을 높인다. 또한, 화이트보드나 그림 등 시각적 자료를 활용해 복잡한 내용을 명확히 전달한다. 이 과정을 거치면 의사소통 능력이 향상되고 자신감이 강화된다.

새로운 업무를
완벽하게 만드는 2가지 원칙

|

46

    회사에서 업무를 하다 보면 예상치 못한 프로젝트에 참여하거나 새로운 일을 맡아야 할 때가 많다. 이런 상황에서 성장하는 사람과 그렇지 못한 사람의 차이는 공부하는 능력이다. 일본 기업에서 일하면서 일본 사람들이 일과 공부를 어떻게 구분하고 접근하는지 뼈저리게 느꼈다. 그들은 공과 사를 철저히 구분하며, 공부는 오롯이 개인적인 시간에 진행하는 경우가 대부분이었다. 남의 눈에 띄지 않는 곳에서 자기만의 시간을 만들어 업무에 필요한 지식을 쌓는 것이 결국 성장으로 이어졌다.

    이 경험은 나의 독서 습관과 학습 태도에 큰 영향을 주었다. 새로운 업무를 해결하기 위해 일본 서점에 자주 방문했고, 기본부터 심화 단계까지 서적을 통해 하나하나 배워갔다. 처음에는 필요에 의해 시작한 독서였지만, 이내 독서는 내 삶의 중요한 습관이 되었다. 특히 업무 중 문제가 발생했을 때, 서적에서 해결책을 찾고 이를 기반으로 프로젝트를 성공적으로 추진하는 데 큰 도움을 받았다.

많은 사람들은 시간이 없다는 이유로 독서를 미루지만, 하루 단 10분만 투자해도 큰 변화를 만들 수 있다. 하루 10분만 독서를 꾸준히 해도 한 달에 300분, 1년이면 3,600분을 투자하게 된다. 한 권의 책을 읽는 데 4시간 정도 걸린다고 가정하면, 1년이면 약 15권의 책을 읽을 수 있다. 이렇게 작은 노력이지만, 꾸준히 실천하면 지식과 자신감을 꾸준히 키울 수 있다.

독서는 단순히 지식을 쌓는 것 이상의 가치를 제공한다. 예를 들어, 책을 자주 읽는 습관만으로도 뇌는 긍정적인 변화를 경험한다. 심지어 책을 읽지 않는 날에도, 책을 눈에 잘 띄는 곳에 두기만 해도 효과를 느낄 수 있다. 뇌는 책의 제목을 인식하고 점차 그 내용에 궁금증을 가지며, 자연스럽게 독서에 관심이 커진다.

책을 고르는 방식도 중요하다. 어떤 책을 읽을지 고민된다면, 도서관을 이용해 부담 없이 다양한 책을 시도해 보는 것도 좋은 방법이다. 한 권을 처음부터 끝까지 완독하지 않아도 괜찮다. 중요한 것은 꾸준히 읽는 습관을 만드는 것이다. 목차를 참고해 흥미로운 부분만 읽거나, 매일 10분씩 핵심 내용을 살펴보는 것도 충분히 효과적이다.

나는 책에서 얻은 지식을 바로 업무에 활용하였다. 독서하면서 더 깊은 이해를 가지면 업무를 빠르고 정확하게 처리할 수 있고, 이는 자연스럽게 상사와 동료들에게 인정받는 계기가 된다. 장기적으로는 커리어 발전에도 중요한 밑거름이 된다.

결론적으로, 인생을 바꾸고 싶다면 작은 시간이라도 꾸준히 독서를 실천하는 것이 중요하다. 하루 10분이라는 짧은 시간이지만, 그 노력이 쌓여 엄청난 변화를 가져올 수 있다. 독서를 통해 얻은 지식과 자신감은 업무성과를 높이고, 더 나아가 삶 전반에 긍정적인 영향을 미친다. 남이 보지 않는 곳에서 자신을 갈고닦는 시간이 결국 성장의 원동력이 된다. MZ세대도 오늘부터 작은 변화를 시작해 보자. 누구나 가능하다. 중요한 것은 완벽이 아니라, 매일 조금씩 나아지는 것이다.

🎲 46 꼰대공식

- 공식: 업무완성 = 공부하기 + 적용하기
- 설명: 공부는 문제를 해결하기 위한 기초 지식과 아이디어를 제공하며, 적용은 이를 실제 상황에 맞게 활용하는 단계다. 아무리 많은 지식을 쌓아도 실전에서 활용하지 않으면 의미가 없다. 공부하면서 탄탄한 기반을 만들고, 이를 업무에 창의적으로 적용해 문제를 해결하고 성과를 내는 것이 중요하다. 이 두 가지가 균형을 이루면 새로운 업무를 효율적으로 완성시킬 수 있다.

문제 해결 중심의
꼰대독서법

|

47

회사 생활은 끊임없는 문제 해결의 연속이다. 매일 반복되는 업무 속에서 예상치 못한 문제들이 발생하며, 이는 우리의 역량을 시험하는 기회가 된다. 그러나 모든 문제를 스스로 해결하기란 쉽지 않다. 언제나 도움을 받을 선배나 동료가 곁에 있는 것도 아니다. 이런 상황에서 내가 찾은 해답은 바로 독서였다.

다양한 부서를 거치며 새로운 업무에 적응할 때마다 나는 서점으로 향했다. 본사 근처의 작은 비즈니스 서점에서부터 시부야, 긴자, 신주쿠의 대형 서점까지, 필요한 서적을 찾아다니며 문제 해결의 실마리를 구했다. 독서는 문제 해결과 자기계발이라는 두 가지 목적을 위한 나만의 방법이 되었다. 일본에서 생활하면서 내가 얻은 가장 큰 보물은 바로 이 독서의 힘이다. 일본 서적은 작고 가벼운 사이즈에 필요한 핵심만 담겨 있어 매우 효율적이었다. 내용이 간결하고 쉬울 뿐만 아니라 상세한 그림까지 제공해 기본기를 습득하는 데 최적의 도구였다. 이 형식 덕분에 나는 문제의 본질을 빠르게 파악하고 해결책을 찾는 데 큰 도움을 받을 수 있었다.

책 속에는 내가 직면한 문제의 해결책이 숨어 있었다. 필요한 부분만 빠르게 읽고 이를 업무에 적용하면서 업무 역량을 키웠다. 그 과정에서 자연스럽게 자기계발로도 이어졌다. 하지만 책을 읽고도 이를 문제 해결에 활용하지 못한다면 단지 단기적인 자기만족으로 끝나버린다는 점도 배웠다.

독서는 단순히 많은 정보를 쌓는 행위가 아니다. 필요한 정보를 효율적으로 얻는 데 초점이 맞춰져야 한다. 나는 한 달에 5~10권의 책을 읽지만, 모든 책을 처음부터 끝까지 읽지는 않는다. 책 한 권을 1시간 이내에 읽고 핵심 내용을 파악하는 방식이 훨씬 효과적이었다. 이를 위해 독서를 네 가지 단계로 나누었다. 먼저 책의 표지와 제목, 목차 등을 보며 내용을 예측하고 핵심 주제를 파악한다. 다음으로 목차를 기반으로 내가 필요한 부분만 골라 읽고, 불필요한 내용은 과감히 건너뛴다. 중요한 내용은 요약해 기록하며, 유사한 문제를 만났을 때 참고한다. 미지믹으로 읽은 내용을 실제 업무에 적용해 지식을 나의 능력으로 변화시킨다.

이러한 독서 습관은 문제 해결 능력을 크게 향상시켰다. 특히 MZ세대라면 책을 처음부터 끝까지 읽으려는 부담을 버리고 필요한 정보만 빠르게 찾아 활용하는 방식을 시도해 보기를 권한다. 이 방식으로 더 많은 책을 읽고 더 많은 문제를 해결하며, 궁극적으로 더 큰 성장을 이뤄낼 수 있을 것이다. 나 역시 이 독서 습관 덕분에 다양한 부서에서 마주한 여러 문제를 해결할 수 있었다. 독서는 단순한 지식 습득을 넘어 나에게 가장 강력한 문제 해결 도구였다. MZ세대도 이와 같은 독서 습관으로 문제를 해결하고 자기계발의 길을 열어가길 바란다.

🗄 47 꼰대공식

- **공식:** 효율독서 = 예측읽기 + 선별읽기 + 요약하기 + 적용하기
- **설명:** 단시간에 효율적으로 독서하는 네 가지 단계가 있다. 먼저, 예측읽기를 통해 표지, 제목, 목차를 살펴 핵심 주제를 파악하고 방향성을 설정한다. 이어서, 선별읽기를 통해 필요한 내용만 집중적으로 읽고 불필요한 부분은 과감히 생략한다. 다음으로, 요약하기를 통해 중요한 내용을 기록하여 활용할 수 있도록 정리한다. 마지막으로, 적용하기를 통해 얻은 지식을 실제 문제 해결에 활용하며 독서를 완성한다.

초고속 독서와 유연한 행동으로
잠재능력을 깨워라

|

48

우리는 정보의 홍수인 디지털 시대에 살고 있다. 그러나 정보가 많다고 해서 그것이 곧바로 나의 지식이 되지는 않는다. 깊이 있는 학습으로만 내 것으로 만들 수 있고, 이를 바탕으로 새로운 기회를 잡을 수 있다. 특히 회사 생활은 끊임없는 공부의 연속이다. 내가 40대에 접어들며 깨달은 점은, 나이가 들수록 독서와 학습의 중요성이 더욱 커진다는 사실이다. 사회 초년생이라면 한 부서에서 특정 분야를 전문적으로 익히는 데 초점을 맞출 수 있다. 하지만 중간관리자 역할을 맡게 되는 시점에서는 다양한 지식과 깊이 있는 사고력이 필수적이다. 위로는 경영진의 요구와 프로젝트 지시를 받아야 하고, 아래로는 부하 직원에게 지식과 경험을 전달하며 조직을 이끌어야 하기 때문이다. 결국, 나이가 들수록 더 많은 학습과 배움이 필요하다.

그렇다면 바쁜 회사 생활 속에서 어떻게 독서를 실천할 수 있을까? 이는 누구나 공감하는 어려운 문제다. 전 화에서 소개한 '꼰대독서법'

을 떠올려보자. 이 방법은 모든 책을 처음부터 끝까지 읽으려는 부담을 덜어준다. 그래도 여전히 시간이 부족한 MZ세대를 위해 초고속 독서법을 추천하고 싶다. 목차를 살펴보고 읽고 싶은 부분을 선별한 후, 10분 정도 해당 내용을 집중적으로 읽는다. 그리고 나머지 5분 동안 중요하다고 느낀 내용을 간단히 기록한다. 책 안쪽 여백이나 메모지에 읽은 날짜, 목적, 그리고 해결된 내용을 적어두자.

이렇게 정리한 메모는 책꽂이의 눈에 잘 띄는 곳에 두고, 비슷한 문제가 발생할 때마다 다시 꺼내 읽으며 활용한다. 읽은 책이 점점 늘어나면 분야별로 정리해 잘 보이는 곳에 배치하면 더욱 유용하다. 중요한 것은 단순한 참고로 끝나는 것이 아니라, 반복적으로 활용해 나만의 지식으로 만들어야 한다는 점이다. 이러한 과정을 지나 독서는 단순한 정보 축적을 넘어 문제 해결의 강력한 도구로 자리 잡게 된다. 중요한 것은 모든 책을 다 읽으려는 강박을 버리고, 필요한 정보를 빠르게 찾아내어 내 것으로 만드는 것이다.

회사 생활에는 정답이 없다. 누군가가 정확한 길을 제시해 주지 않으며, 각자가 스스로 문제를 정의하고 해답을 찾아야 한다. 하루가 다르게 변화하는 기술과 정보의 시대에는 변화에 유연하게 대처하는 능력이 필수다. 인공지능과 로봇 기술의 발전으로 단순 반복 업무는 더 이상 인간의 몫이 아니다. 그 자리는 복잡한 문제를 해결하고 창의적으로 사고하는 사람이 차지하게 되었다. 변화의 속도는 점점 더 빨라지고 있으며, 이 변화에 맞춰 살아남기 위해서는 끊임없이 배우고 적응해야 한다.

내가 전하고 싶은 메시지는 간단하다. 학습은 멈추지 말아야 한다. 지금 당장 작고 간단한 습관이라도 시작하라. 필요한 책을 골라 읽고, 메모하고, 기록하는 과정을 반복하라. 시간이 지날수록 책 속의 지식은 강력한 무기가 될 것이다. MZ세대는 변화에 유연하게 적응하는 능력을 타고났다. 여기에 지속적인 학습 습관을 더한다면, 미래의 경쟁력은 누구도 넘볼 수 없는 수준에 이를 것이다. 끊임없이 배워 성장하고 변화의 과정을 즐기며, 당신만의 강점을 만들어가길 바란다.

🎲48 꼰대공식

- **공식**: 잠재능력 = (독서 + 행동) × 유연성
- **설명**: 잠재능력은 독서를 통한 지식 습득과 이를 행동으로 옮기는 실천력에서 시작된다. 독서는 단순히 정보를 쌓는 행위가 아니라, 문제 해결의 도구이자 성장의 원천이다. 그러나 독서만으로는 부족하다. 읽은 내용을 실제 상황에 적용하며 경험으로 전환해야 한다. 여기에 변화에 유연하게 적응하는 태도가 더해질 때, 잠재능력은 비로소 발휘된다.

직장에서 품격을 높이는
가장 쉬운 방법

|

　직장 생활을 하다 보면 많은 사람들과 협력하게 되고, 때로는 도움을 주고받으며 함께 성장한다. 그런데 흥미로운 점은 이 과정에서 아주 간단한 습관 하나만으로도 그 사람이 얼마나 성장하고 발전할 사람인지 알 수 있다는 것이다. 그 습관은 바로, 도움을 받았을 때 진심으로 감사함을 표현하는 것이다.

　일본에서는 다양한 고객사와 협력사, 선배들과 일할 기회가 많았다. 이들과 미팅이나 식사 자리를 가질 때 프로다운 사람들은 언제나 그 자리에서 감사 인사를 잊지 않았다. 물리적으로 바로 인사를 못 전할 때는 이메일이나 문자로 아침 일찍 감사의 마음을 전하는 경우도 많았다. 이런 경험을 하면서 감사의 표현이 얼마나 중요한지, 그리고 그 작은 행동이 업무에서 얼마나 큰 차이를 만드는지 체감할 수 있었다.

　그 반대의 경우도 있다. 감사 인사를 잘 하지 않는 사람은 회사에서 대단한 직책에 있을지라도 그가 진정한 프로인지 의문이 들 때가 많다. 직책은 누구나 가질 수 있지만, 진정한 프로다움은 다른 사람을 존중하는 마음과 이를 표현하는 데서 나온다. 내 경험으로 미루어 보건대, 회사 내에서 임원으로 승진하는 사람과 그렇지 못한 사람 사이에는 분명한 차이가 있었다. 나를 성장시킨 멘토들은 늘 "어떤 자리를 얻었다면 그 자리에 감사하고, 받은 것에 고마움을 표현하라"라고 가르쳤다.

나는 회식이나 협력사와의 식사 자리 후에는 다음 날 아침 꼭 감사 메일을 보내곤 했다. 그러면 상대방도 프로답게 빠르게 답장을 보내주었고, 이는 서로에 대한 신뢰로 이어졌다. 이런 감사 인사는 단순한 식사 접대에만 해당되는 것이 아니다. 미팅, 면담, 선물, 소개 등 무엇을 받았든 바로 전화나 메일로 감사 표현하는 것이 진정한 프로의 태도라고 생각한다.

진정한 프로는 부탁받은 일은 미루지 않고 바로 처리하는 습관을 가지고 있다. 작은 일일지라도, 즉시 실행하는 이 습관은 주변 사람들에게 신뢰를 쌓는 데 큰 힘을 발휘한다. 그렇다면 왜 프로들은 꼭 즉시 감사 인사를 하거나, 새벽부터 문자를 보내는 것일까? 이유는 간단하다. 진정한 프로는 늘 바쁘고 시간 관리가 중요하기 때문이다. 아침 8시나 9시가 되면 다양한 부서에서 회의가 시작되기 때문에, 그 전의 짧은 시간을 활용해 신속히 감사를 표현하는 것이다. 이러한 행동은 시간에 쫓기면서도 중요한 예의를 지키는 데서 오는 자기관리의 결과이다.

이뿐만이 아니다. 프로들은 이메일을 받으면 바로 짧고 간결하게 답장을 보낸다. 반면 그렇지 않은 사람들은 메일을 읽고 생각만 하다가 답장을 미루고, 결국 잊어버리는 경우가 많다. 이는 업무의 신속성을 떨어뜨릴 뿐만 아니라, 상대방의 신뢰도 잃게 만든다. 프로는 메일이나 요청이 오면 읽고 곧바로 반응하며 상대의 시간까지 존중하는 태도를 잊지 않는다.

MZ세대 여러분께 당부하고 싶은 말이 있다. 작은 감사의 표현을 습관화하고, 부탁받은 일은 즉시 처리하는 습관을 길러라. 이러한 태도가 여러분을 진정한 프로로 성장시키고, 주변의 신뢰를 얻게 할 것이다.

🎲49 꼰대공식

- 공식: 프로정신 = 감사표현 + 신속반응
- 설명: 감사표현은 상대의 도움이나 지원에 즉각적으로 감사하는 마음을 전달함으로써 신뢰를 형성하고 존중을 보여준다. 반응속도는 요청이나 피드백에 신속하게 대응하는 태도로, 이는 책임감을 나타내고 상대방의 시간을 존중하는 중요한 요소다. 이 두 요소가 결합될 때 상대방은 프로다운 인상을 받으며, 이는 장기적인 관계 형성과 평판 강화로 이어진다.

멘토에게 배운
직장 성공의 기본 태도

|

50

사회 초년생이 직장에서 처음 마주하는 사람들, 특히 멘토와 상사는 그들의 성장에 큰 영향을 미친다. 내가 겪은 상사들은 각기 다른 스타일과 태도를 가졌지만, 그들에게서 배운 교훈들은 모두 값진 경험으로 남아 있다. 구매부에서 만난 존경하는 멘토는 나에게 일을 대하는 철저한 자세와 높은 기준을 직접 보여주었다. 그의 첫 번째 가르침은 바로 '복장은 마음가짐의 표현'이라는 것이었다. 단정한 복장은 단순히 외모를 위한 것이 아니라, 일을 대하는 태도와 신뢰를 보여주는 중요한 요소라는 점을 그는 강조했다. 이 경험 덕분에 나는 복장의 중요성을 깨닫고, 자신감과 책임감을 키울 수 있었다.

복장에 관한 조언을 해보자면, 항상 깔끔하게 입는 것이 핵심이다. 구겨진 셔츠보단 다림질 되어 있는 셔츠를 입은 사람이 더 준비되어 보이는 것이 당연하다. 특히 미팅이나 중요한 자리에는 신뢰감을 주는 차분한 톤을 활용하는 것이 좋다. 검정, 그레이, 화이트의 무채색부터 네이비부터 베이지, 파스텔 톤도 추천한다. 자신의 체형과 어울리는 옷을 입음으로써 자신의 센스를 나타낼 수도 있다. 회사마다 문화가 다르므로 각 회사 분위기에 맞게 멘토들의 코디법을 참고하는 것도 도움이 된다. 물론 외적인 것이 다는 아니지만, 잘 갖춰 입음으로써 상대방을 존중하는 태도를 보여주며 신뢰감을 얻는 데 도움이 될 수 있다.

여러 번 강조하지만 그 멘토는 이메일 작성에도 깊은 철학을 갖고 있었고, 이는 상대방에게 존중과 배려를 표현하는 것이라고 했다. 나는 이메일이 업무성과에 얼마나 큰 영향을 미치는지를 알게 된 계기가 되었다.

하지만 모든 상사가 멘토처럼 긍정적인 영향을 주는 것은 아니다. 함께하기 힘든 상사도 있었다. 늘 불안과 스트레스를 주며, 어떤 일에도 만족하지 못하고 반복적인 업무만 시키던 상사는 나의 업무 의욕을 떨어뜨렸다. 그러나 이러한 경험 역시 현실에서 피할 수 없는 일이었다. 힘든 상사를 겪으며 나는 어려운 상황을 어떻게 헤쳐 나갈지 배울 수 있었다. 특히, 스트레스 속에서도 나만의 중심을 지키고, 주어진 일을 성실히 해내는 방법을 익히게 되었다.

결국, 멘토와 힘든 상사 모두 사회 초년생의 성장에 중요한 역할을 한다. 좋은 멘토에게서는 긍정적인 가치와 교훈을 배우고, 힘든 상사에게서는 업무 적응력과 문제 해결 능력을 기르는 기회로 삼아야 한다. 이렇게 상반된 상사에게서도 배울 점이 있다는 것을 깨달으며, 나는 경험의 가치를 더욱 소중히 여기게 되었다.

어떤 상사를 만나더라도 상사를 바꿀 수는 없지만 나 자신의 마음가짐은 바꿀 수 있다. 그 차이가 나의 성장으로 이어진다. 어떤 상황에서도 배움의 기회를 놓치지 않고, 그 경험을 자기 발전의 발판으로 삼는 자세가 사회 초년생의 성장을 이끄는 핵심이다.

🗂️50 꼰대공식

- **공식:** 사회인기본 = (복장 + 이메일) × 태도
- **설명:** 사회생활에서 첫인상은 협업의 출발점이 된다. 다양한 사람들과 협력하는 과정에서 복장, 이메일, 태도는 나에 대한 신뢰를 결정짓는 중요한 요소다. 단정한 복장은 프로페셔널함과 책임감을 보여주고, 명확하고 정돈된 이메일은 상대방에 대한 배려와 업무에 대한 진지한 자세를 드러낸다. 여기에 올바른 태도가 더해질 때 비로소 사회인으로서 신뢰를 얻고 원활한 협업이 가능해진다.

목표보다 중요한 건 비전이다

토끼와 거북이 이야기를 해주고 싶다. 이 얘기를 들으면 '갑자기 무슨 토끼와 거북이냐?'고 생각할 수도 있다. 어렸을 때 이 이야기를 듣고 무엇을 배웠는가? 아마도 '무슨 일이든 최선을 다해야 하고, 상대를 얕보면 안 된다'는 교훈을 떠올릴 것이다. 그런데 이 이야기를 다시 꺼내는 이유는 사회 초년생들에게 새로운 교훈을 주고 싶어서다. 왜 토끼가 낮잠을 잤는지 생각해 본 적 있는가? 여기서 중요한 점이 있다. 토끼의 목적은 거북이를 이기는 것이 아니었다. 자신이 얼마나 빠른지 주변에 보여주고 싶었던 것이다. 그래서 낮잠을 자는 척하다가 진짜로 잠이 든 것이다. 반면, 거북이는 승패에 집착하지 않았다. 오로지 끝까지 가는 것이 목적이었다. 만약 토끼가 진정 이기는 것을 목적으로 삼았다면, 상대가 누구든 최선을 다해 달렸을 것이다. 여기서 MZ세대가 얻을 교훈은 인생에서 진짜 목적이 무엇인지 고민해 보라는 것이다.

예를 들어, 창업을 원하는 MZ세대의 이야기를 해보자. 단순히 창업하는 것이 목적이 되어선 안 된다. 사장이 되는 것 역

시 마찬가지다. 남에게 보여주기 위해 사장이 되어서도 안 된
다. 그것들은 단지 중간 과정인 목표일 뿐이다. 중요한 것은
창업을 하고 사장이 된 후, 무엇을 할 것인지, 어떤 가치를 만
들어낼 것인지다. 진짜 목적은 여기에 두고, 인생을 투자해야
한다. 창업을 하고 사장이 되었을 때, 어떤 미래를 그리고 싶
은가? 그 미래를 그리는 것이 바로 비전이다. 이제는 분명한
목적과 비전을 세워야 한다.

위대한 꼰대가 알려주는
MZ 직장 생존법

6

미래를 준비하는
실천 전략

20대부터 50대까지, 성공적인 인생 설계 비결은?

|

51

나의 10대는 특별했다. 중학교 때 KBS에서 방영된 MK택시라는 드라마를 우연히 보게 된 것이 내 인생을 바꿔놓았다. MK택시는 재일교포가 교토에서 창업한 택시 회사의 이야기를 다루었는데, 드라마를 보며 일본어에 매료되었다. 일본 문화에 대한 호기심과 새로운 언어를 배우고 싶다는 열정이 나를 독학으로 이끌었다. 아무런 도움 없이 사전을 들고 단어를 외우고 문장을 해석하던 그 시간은 쉽지 않았지만, 그만큼 의미 있었다. 이 선택은 나를 일본 유학이라는 큰 꿈으로 이끌었고, 그 이후 내 인생의 방향을 완전히 바꿔놓았다.

20대에는 유학이라는 목표를 이루기 위해 쉼 없이 달렸다. 새로운 환경에서 적응하며 공부와 생활을 병행하는 것은 쉽지 않았지만, 결국 일본 대학에 진학해 일본 기업에 입사하는 데 성공했다. 이 시기의 가장 큰 배움은 실패와 좌절을 두려워하지 않는 것이었다. 시행착오를 겪으며 배우고 성장하는 과정에서, 나는 꿈을 현실로 만들 수 있는 힘을 길렀다.

30대에는 글로벌 기업에서 다양한 부서를 경험하며 전문성을 키웠다. 회사 회장님과의 인연으로 얻은 기회를 발판 삼아 조직의 구조와 전략을 배우며 성장했다. 너무 복잡한 지식에 매달리기보다는 실무와 연결된 자료와 책으로 기본기를 다졌다. 이러한 노력이 쌓여 40대 이후 더 큰 성과를 내는 데 중요한 토대가 되었다.

40대는 커리어의 전환점이었다. 미국 주재원으로 파견되면서 글로벌 시장에서 경험을 쌓을 기회를 얻었고, 이후 한국 지사장으로서 기업 운영을 책임지게 되었다. 다양한 환경에서 얻은 경험과 지식을 바탕으로 조직을 이끌며 큰 성과를 만들어냈다. 업무량과 스트레스가 많았지만 그만큼 성취감도 컸다. 이 시기는 내가 가진 역량을 최대한 발휘하며 보람을 느꼈던 시기였다.

직장 생활은 각 나이대마다 요구되는 역할과 과제가 다르다. 20대는 실패하면서 배우고 성장하는 시기다. 이 시기에는 시행착오를 두려워하지 말고 노력하며 성장해야 한다. 30대는 전문성을 쌓는 시기로, 기본기를 다지며 경험하고 자신의 분야에서 두각을 나타낼 준비를 해야 한다. 40대는 리더십을 발휘하며 조직에서 중요한 역할을 맡는 시기이며, 50대는 쌓아온 경험과 지식을 바탕으로 커리어의 절정기를 맞이하며 새롭고 큰 도전을 하는 시기이다.

지금의 작은 실패와 노력이 결국 더 큰 성공으로 이어진다. MZ세대는 각 시기의 과제를 이해하고 준비하며 꾸준히 도전해야 한다. 긴 여정 속에서 시기마다의 노력이 모여 결국 성공적인 커리어를 만들어나갈 수 있다.

🎲 꼰대공식

- 공식: 인생완성 = 노력 + 경험 + 리더십 + 도전
- 설명: 인생은 각 나이대마다 요구되는 역할이 있다. 인생의 완성은 노력과 경험, 리더십, 도전이 서로 어우러질 때 이루어진다. 20대의 노력은 성장을 위한 기초를 다지고, 30대의 경험은 실패와 성공을 통해 배움을 축적하는 과정이다. 40대에는 리더십을 발휘하여 조직과 자신을 이끌어가야 한다. 50대에는 큰 도전으로 새로운 기회를 발견하고 성취하는 시기이다.

시간과 노력에 열정을 쏟을 때
기적이 일어난다

|

52

과거를 되돌아보면, 일본어를 독학하던 시절이 떠오른다. 그때 나는 무작정 책을 사고 카세트테이프가 늘어날 때까지 반복해서 들었다. 일본 유학이라는 막연한 꿈이 있었지만, 반드시 이루고 싶다는 열망이 강했다. 하루도 거르지 않고 일본어 공부에 몰두하며, 단어장을 만들어 어디에서든 한자와 단어를 외웠다. 압도적으로 많은 시간을 투자했고, 유학이라는 꿈을 잊지 않았다. 심지어 군대 가는 날 새벽 3시까지 일본어를 공부하다가 떠났던 기억이 난다. 일본어를 잠시라도 놓아야 한다는 사실에 슬펐던 그 시절, 한 가지에 미쳐 본 경험은 나에게 많은 것을 남겼다.

그 당시 몰랐지만, 일본어에 몰두했던 경험은 내게 집중력과 끈기를 길러주었다. 이는 학업이나 업무에서 오랜 시간 성과를 내는 중요한 밑거름이 되었다. 또한, 끝까지 해냈던 경험은 나에게 큰 성취감을 주었고, 이는 이후 도전의 자신감으로 이어졌다. 몰두하는 과정에서 자연스럽게 형성된 꾸준함, 시간 관리, 목표 설정 같은 습관은 지금도 나의 삶을 지탱하는 중요한 자산이다.

요즘 많은 MZ세대가 꿈꾸는 파이어족Financial Independence Retire Early 은 경제적 자유와 조기 은퇴를 목표로 한다. 하지만 그 목표를 이루기 위해서는 기본부터 충실히 다지는 것이 필수적이다. 파이어족이 되기 위해 지나치게 무리하거나 현실을 간과한다면 단기적인 목표는 달성할 수 있을지 몰라도, 장기적으로 안정된 삶을 유지하기 어려울 수 있다. 파이어족의 단점 중 하나는 과도한 절약이나 지나친 경제적 목표 집착으로 인해 현재 삶의 질을 포기하게 되는 경우가 많다는 점이다. 또 다른 문제는 은퇴 이후 지속 가능한 소득원에 대한 계획이 부족할 때, 예상치 못한 상황에 취약해질 수 있다는 것이다.

따라서 MZ세대에게 조언하고 싶은 것은, 경제적 목표를 이루기 위해 먼저 기본에 충실하고, 지식을 쌓으며 장기적인 관점에서 접근해야 한다는 점이다. 단순히 돈을 모으는 데만 몰두하기보다는 자신이 잘할 수 있는 일에 투자하고, 이를 통해 꾸준히 성장하는 것이 중요하다. 시간이 지날수록 지식과 경험은 자산이 되어 자신을 더욱 단단하게 만든다.

무엇보다 중요한 것은 열정이다. 열정은 모든 성공의 중심이자 추진력이다. 열정이 없다면 아무리 많은 시간과 자원을 들여도 지속 가능한 결과를 얻기 어렵다. MZ세대가 파이어족을 목표로 하더라도, 진정으로 자신이 원하는 삶의 가치를 잊지 않고 열정을 발휘한다면 단기적인 성공뿐 아니라 장기적으로도 안정된 삶을 이룰 수 있을 것이다.

- 공식: 목표달성 = (시간 + 노력) × 열정
- 설명: 목표를 이루기 위해서는 시간과 노력이 필수적이다. 하지만 이것만으로는 부족하다. 여기에 열정을 쏟아야 비로소 지속 가능한 결과를 만들어낼 수 있다. 시간과 노력은 기반을 다지는 요소이고, 열정은 이를 움직이게 하는 원동력이다. 아무리 많은 시간을 들이고 열심히 노력하더라도 열정이 없다면 그 과정은 금세 지치거나 중단될 가능성이 크다. 반대로 열정이 가득하다면 어려움이 닥쳐도 이를 극복하며 앞으로 나아갈 힘을 얻게 된다.

걱정과 불안을 줄이는
가장 현실적인 방법

|

53

누구에게나 미래를 생각하며 밤잠을 설치는 순간이 있다. 진로 고민, 직장 생활의 문제, 상사와의 관계, 승진 같은 고민들은 우리 삶의 일부다. 이런 문제들은 피할 수 없는 현실이며, 앞으로도 계속해서 찾아올 것이다. 나 역시 일본 유학이라는 꿈을 이루기 위해 치열하게 공부했던 시절이 있었다. 유학의 꿈이 현실이 되었을 때 잠깐의 기쁨을 맛보았지만, 곧바로 또 다른 고민과 불안이 찾아왔다. '내가 이다음에는 무엇을 해야 할까? 정말 가능할까?' 하는 질문들이 나를 괴롭혔다. 하지만 지나고 보니, 고민을 어떻게 대하고 해결하느냐에 따라 결과는 달라진다는 것을 배웠다.

미국 주재원으로 발령받았을 때도 비슷한 경험을 했다. 처음에는 성공의 기회로 느껴졌지만, 곧바로 무거운 책임감과 두려움이 몰려왔다. '회장님과 약속한 새로운 사업을 어떻게 만들어 낼 수 있을까?' 하는 고민이 매일 나를 짓눌렀다. 하지만 결국 고민만으로는 해결되지 않는다는 사실을 깨달았다. 주소 하나를 들고 무작정 방문 영업을 시작했다. 작은 시도였지만, 그 행동들이 하나둘 쌓이면서 성과로 이어졌다. 결국 중요한 건 행동이었다. '할 수 있는 모든 것을 해보자'는 마음가짐이 나를 이끌었다.

이런 경험을 하면서 알게 된 단순하지만 중요한 사실이 있다. 우리가 걱정하는 대부분의 일은 실제로 일어나지 않는다. 한때 크게 고민했던 일들이 정작 현실이 되었을 때는 별일 아닌 경우가 많다. 예를 들어, 해외 바이어를 대상으로 발표를 준비하던 날을 떠올려보자. 자료를 완벽히 준비하고 리허설을 반복하며 밤잠까지 설쳤다. 하지만 막상 당일에는 바이어가 오지 않거나 간단한 미팅으로 끝난 적이 있다. 혹은 준비한 발표 이후의 일은 상사가 처리하면서 내가 할 일은 없었던 경우도 있었다. 이러한 경험들은 누구에게나 있을 것이다. 결국, 우리가 걱정하는 만큼의 큰일은 실제로 잘 일어나지 않는다. 걱정 속에서도 우리는 나름의 준비를 하고 있기 때문이다.

또 하나 기억할 점은, 과거의 걱정들이 지금 얼마나 생생하게 떠오르는가 하는 것이다. 2년 전 이맘때 무슨 걱정을 했는지 기억하는가? 아니면 1년 전의 고민은 어떠한가? 대부분은 기억조차 나지 않을 것이다. 당시에는 그렇게 중요한 문제였던 일들이 지금 와서는 흔적조차 남아 있지 않다. 걱정이란 참으로 얄밉게도 그렇게 우리 곁을 스쳐 지나간다.

그래서 MZ세대가 꼭 기억해야 할 것이 있다. 걱정은 피할 수 없는 감정이지만, 그것에 사로잡힐 필요는 없다는 것이다. 중요한 건 걱정의 크기를 줄이고, 준비와 행동으로 대처하는 태도다. 우리가 예상하는 문제들은 실제로 생각보다 작고, 우리가 감당할 수 있는 수준 안에 있는 경우가 대부분이다.

그러니 너무 많은 걱정으로 현재를 낭비하지 말자. 오늘 할 수 있는 준비와 실천에 집중하자. 그것이 미래를 더 단단하게 맞이하는 방법이며, 우리의 가능성을 넓히는 길이다.

🔲53 꼰대공식

- 공식: 걱정해결 = (분석 + 행동) × 자신감
- 설명: 걱정은 누구나 겪는 자연스러운 감정이지만, 효과적으로 해결하려면 자신감을 가지고서 철저히 분석하고 행동으로 옮겨야 한다. 자신감은 우리의 태도와 문제 해결의 질을 높이는 촉매제다. 결국, 걱정을 해결하기 위해서는 자심감을 먼저 장착해 걱정의 문제를 마주하는 자세가 중요하다. 그 후 걱정의 원인을 분석하고, 계획적으로 실천하면서 걱정의 크기를 줄인다. 이렇게 한다면 고민이 더는 발목 잡는 장애물이 되지 못한다.

퇴사가 고민될 때
스스로에게 물어봐야 할 질문

|

⬡
54

직장 생활을 하다 보면 누구나 한 번쯤 퇴사를 고민하는 순간을 맞이한다. 나 역시 그런 시기가 있었다. 입사 후 3년 동안 자동차 내장부품 개발부에서 일하며 매일 고객사의 끝없는 요구와 상사의 질타 속에서 지쳐갔다. 점점 일이 벅차게 느껴졌고, 내 능력으로는 해결할 수 없을 것 같은 좌절감이 밀려왔다. 결국 이직을 결심하고 주말마다 채용사이트를 뒤지며 새로운 직장을 찾기 시작했다. 여러 회사에 이력서를 제출한 끝에 한 완성차 기업의 최종 면접 기회를 얻었다.

그런데 면접장에서 한 임원이 던진 질문이 아직도 기억에 남는다.

"정말 우리 회사에 오실 수 있겠습니까? 지금 회사가 쉽게 놓아주지 않을 것 같은데요."

그 말은 마치 머리를 강타하는 듯했다. 나는 지금 다니고 있는 회사에서 중요한 인재로 인정받고 있다는 사실을 그때까지 전혀 깨닫지 못하고 있었다. 충격을 받은 채 면접을 마치고 돌아오는 길, 머릿속이

복잡했다. 내가 처한 상황을 회피하려는 마음이 점점 부끄럽게 느껴졌다. 답답한 마음을 달래기 위해 집 근처 강가를 걸었고, 그날은 서글픈 마음에 한참을 울었다. 몇 시간 동안 걸으며 나는 스스로에게 묻기 시작했다. 진짜 문제는 회사가 아니라, 처한 상황에 직면하지 못한 채 최선을 다하지 못한 내가 아니었을까?

퇴사를 고민하는 이유는 사람마다 다양하다. 회사의 목표와 자신의 가치관이 다르거나, 급여가 부족하다고 느끼거나, 개인의 성장이 멈췄다고 생각할 때, 혹은 상사나 동료와의 관계에서 어려움을 겪을 때 등이 그 이유일 것이다. MZ세대가 퇴사를 고민하는 이유 역시 복합적이고 다양한 요인이 얽혀 있다. 하지만 때로는 퇴사가 문제 해결이 아니라 단순히 회피 수단으로 여겨질 때도 있다.

그렇기에 퇴사를 고민할 때는 먼저 스스로에게 물어봐야 한다.

'나는 지금 이 자리에서 정말 최선을 다하고 있는가?'

회사의 문제라 여겼던 것들이 어쩌면 내가 충분히 문제를 해결하려는 노력을 기울이지 않았기 때문에 생겼을 수도 있다. 어려움을 극복하기 위해 준비하고 행동하는 과정은 내 가치를 높이는 기회가 될 수 있다.

그날 강가를 걸으며 나는 '최고의 사원이 되어보자'는 새로운 목표를 세웠다. 이후로 업무 역량을 키우기 위해 공부했고, 스스로 자신감을 쌓아갔다. 놀랍게도, 더 많은 노력을 기울일수록 상사와 동료들의 신뢰가 쌓였고, 업무 부담도 점차 줄어들었다. 그러면서 자연스럽게 일에 몰두할 수 있었고, 주인의식도 생기면서 업무성과와 주변의 인정을 동시에 얻게 되었다. 중요한 것은 회사를 떠나는 것이 아니라, 지금 내가 이 자리에서 진심으로 몰입하고 있는지 돌아보는 자세였다.

우리는 때로 퇴사를 새로운 기회로 여기기보다는 도피로 삼는 경우가 있다. 그러나 문제를 해결하려는 노력을 기울이면 직장도, 삶도 더 나은 방향으로 바꿀 수 있다. 결국, 지금의 자리에서 최선을 다하는 태도가 가장 큰 가치를 가져다줄 것이다.

🔲54 꼰대공식

- 공식: 직업만족 = (목표설정 + 현실인식) + 행동력
- 설명: 직업에서 만족을 느끼기 위해서는 명확한 목표설정과 현실적인 상황 인식이 필수적이다. 목표설정은 우리가 가야 할 방향을 정해주고, 현실인식은 현재의 위치를 이해하게 한다. 하지만 이 두 가지 요소만으로는 부족하다. 이를 행동력으로 연결해야 비로소 직업 만족에 도달할 수 있다. 행동력은 계획을 실행으로 옮기는 힘으로, 목표와 현실을 조화롭게 이어준다. 결국, 직업만족은 꿈꾸는 목표와 현실적인 시각을 바탕으로 한 적극적인 행동에서 비롯된다.

언어보다 중요한 무기,
글로벌인재로 성장하는 법

|

⬡
55

속담에 "모난 돌이 정 맞는다"라는 말이 있다. 일본에도 비슷한 말로 "튀어나온 못은 박힌다出る杭は打たれる"라는 속담이 있다. 일본의 조직문화는 이 속담을 잘 반영한다. 예를 들어, 아침 출근길 전철에서 보는 샐러리맨들의 모습은 하나같이 검정 정장에 흰 셔츠다. 개성보다는 조화를 중요하게 여기는 문화가 드러나는 풍경이다. 이런 문화는 효율성과 안정성을 만들어내지만, 익숙하지 않은 사람들에게는 적응하기 어렵다. 특히 외국인에게는 이 문화가 더욱 높은 벽처럼 느껴진다.

나 역시 처음 일본 직장에서 일을 시작했을 때 이런 문화에 어려움을 겪었다. 이른바 '이지메왕따'를 경험하며 마음고생도 많았다. 하지만 나를 믿고 지지해 주셨던 회장님 덕분에 해외 주재원으로 성장할 기회를 얻었다. 그는 다양한 해외 경험과 유창한 영어 실력을 바탕으로 외국인의 입장을 이해하는 분이었다. 덕분에 나는 미국 뉴저지의 회사로 발령을 받으며 새로운 도전을 시작할 수 있었다.

미국에서 근무하며 가장 먼저 느낀 것은 직장 분위기의 차이였다. 오후 4시만 되면 미국 직원들은 퇴근해 버리는 자유로운 문화 속에서, 늦은 시간까지 남아 일하는 사람은 나와 일본 주재원뿐이었다. 시차때문에 본사와 화상 회의를 밤늦게까지 이어가는 일도 많았다. 그렇지만 일본에서 미국 주재원은 엘리트들만 맡을 수 있는 자리였기에 나는 자부심을 갖고 일했다.

특히 미국에서 느낀 것은 언어와 전문성의 관계였다. 많은 일본 주재원들이 영어에 서툴렀지만, 미국 직원들은 그들의 서툰 영어를 비웃기보다는 존경의 눈빛으로 바라봤다. 처음엔 이상하게 느껴졌지만 곧 그 이유를 깨달았다. 일본 주재원들이 가진 기술력과 관리 능력, 일본 본사와의 네트워크 등은 미국 사업장에서 큰 가치를 발휘했다. 영어는 단순히 그들이 가진 무기를 전달하는 도구였던 것이다.

이 경험은 내가 가지고 있던 생각을 완전히 바꿨다. 예전에는 영어 잘하는 사람을 똑똑하고 유능하다고 여겼지만, 미국에서의 경험은 그 생각을 무너뜨렸다. 영어는 그저 의사소통 도구일 뿐, 본질적인 실력을 대체할 수는 없다. 중요한 것은 영어를 사용해 무엇을 전달할 수 있느냐는 점이다.

나 역시 영어가 서툴렀고, 일본식 억양 때문에 놀림을 받기도 했다. 하지만 내가 가진 무기 덕분에 미국에서 인정받을 수 있었다. 나는 본사와의 네트워크, 일본과 한국 기업을 연결하는 능력, 그리고 기술적 지식을 바탕으로 미국 직원들과 신뢰를 쌓았다.

내 경험을 비추어 MZ세대에게 전하고 싶은 메시지가 있다. 글로벌 시대에 영어와 외국어는 분명 중요한 도구다. 하지만 그것만으로는 충분하지 않다. 자신의 전문성을 갈고닦고, 기본적인 비즈니스 마인드와 열정을 갖추는 것이 훨씬 더 중요하다.

고스펙을 요구하는 사회 속에서 스스로를 단련하는 것은 결코 쉬운 일이 아니다. 그러나 전문성을 키우는 과정에서 얻게 되는 자신감은 결코 무시할 수 없는 힘이 된다. 튀지 않으면서도 빛날 수 있는 방법은 꾸준히 노력하며 자신의 무기를 만드는 것이다. 글로벌 무대에서 인정받기 위해 지금부터 차근차근 전문성을 쌓아가기를 바란다. MZ세대여, 자신만의 강점을 믿고 도전하라. 그 과정에서 발견할 수 있는 가능성은 무궁무진하다.

- 공식: 글로벌인재 = (언어능력 + 전문성) × 인성

- 설명: 글로벌인재는 단순히 외국어를 잘하거나 특정 분야의 전문성을 가진 사람을 의미하지 않는다. 언어능력과 전문성은 기본적인 조건일 뿐이며, 이를 완성하는 핵심은 인성이다. 언어능력은 다양한 사람들과 소통할 수 있는 도구를 제공하고, 전문성은 문제를 해결하고 가치를 창출하는 능력을 의미한다. 그러나 이러한 능력들이 인성이라는 기반 위에 자리 잡지 않으면 지속 가능하지 않다. 인성은 신뢰와 협력의 바탕이 되며, 진정한 글로벌인재로 성장하는 데 필수적인 요소다.

해외파견을 꿈꾸는 사람을 위한
실질적인 전략

|

56

글로벌 시대를 살아가는 MZ세대에게 해외 경험은 더 이상 선택이 아니다. 오늘날 어학연수는 기본으로 여겨지며 영어, 일본어, 중국어 등 외국어 공부는 취업과 자기계발의 필수 요소로 자리 잡았다. 물론 번역 기술이 발전하며 단순 번역은 기술적으로 가능해졌다. 하지만 외국어는 단순히 문장을 해석하는 것을 넘어, 인간적인 소통과 문화적 이해를 바탕으로 신뢰와 협력을 이끌어내는 데 필수적이다. 글로벌 프로젝트나 해외 업무를 경험해 보면, 외국어는 경쟁력을 높이는 도구 이상이라는 것을 체감하게 된다.

그러나 외국어 능력만으로는 부족하다. 더 중요한 것은 상대방의 문화를 이해하고 존중하는 태도다. 언어는 소통의 매개체일 뿐, 진정한 교류는 문화적 이해와 공감에서 시작된다. 일본 유학 시절, 좋은 성적을 얻었던 내가 해외 단기연수를 놓쳤던 이유는 경제적 부담과 새로운 환경에 대한 두려움 때문이었다. 그 기회를 놓친 것은 두고두고 아쉬움으로 남았다. 해외 경험은 단순히 언어를 배우는 것을 넘어, 나 자신과 세상을 넓은 시야로 이해하는 중요한 발판이 된다.

내가 회사에서 미국 주재원으로 발령받았을 때, 해외 경험은 단순한 출장 이상의 의미를 가졌다. 각국의 비즈니스 문화를 체험하며 한국의 강점과 약점을 새롭게 보게 되었다. 동남아시아에서는 협력과 배려를 중시하는 문화의 가치를 배웠고, 미국에서는 개방적이고 창의적인 업무 방식을 체득했다. 이러한 경험은 단순한 외국어 능력을 넘어 글로벌 비즈니스 환경에서 중요한 소통과 협력의 기반이 되었다.

MZ세대가 해외에서 일할 기회를 잡으려면 구체적인 전략이 필요하다. 먼저, 해외거점이 있는 회사에 지원하는 것이 유리하다. 주재원으로 발령받으려면 기본적으로 영어는 물론 해당 지역의 언어를 공부해두는 것이 좋다. 희망하는 나라의 문화와 비즈니스 트렌드를 파악하고, 상사나 임원들에게 그 지역과 관련된 아이디어를 제안하는 것도 중요하다. 예를 들어, 해당 시장의 잠재 고객사 동향이나 새로운 기회를 조사해 기획서를 작성하면 평소에도 자신의 관심과 열정을 알릴 수 있다.

또한, 단기적으로라도 해외 시장조사, 전시회 참가, 고객사 미팅 등 작은 기회들을 적극적으로 활용하자. 이러한 경험은 회사 내에서 해외 관련 업무에 관한 신뢰를 쌓는 데 큰 도움이 된다. 두려움을 내려놓고 새로운 기회를 잡으려는 용기가 필요하다.

일본, 미국, 동남아시아에서 쌓은 경험은 나를 성장시켰고 더 나아가 나 자신이 가진 가능성을 깨닫게 해주었다. 해외 경험은 단순히 새로운 나라를 방문하는 것이 아니라 자신과 세상을 더 깊이 이해하는 강력한 도구다. 두려움을 내려놓고 세상 밖으로 나아가라. 그 경험은 당신을 성장시키고, 글로벌 무대에서 성공할 수 있는 든든한 발판이 되어줄 것이다.

🎲 56 꼰대공식

- 공식: 해외파견 = (언어 + 문화 + 정보) + 열정어필
- 설명: 해외파견을 위해서는 언어 능력, 문화적 이해, 정보 수집이 필수적이다. 언어는 기본적인 소통의 도구로, 현지 업무와 관계 형성의 시작점이 된다. 문화적 이해는 단순한 지식이 아니라 상대방을 존중하고 공감하는 태도로 나타나 신뢰를 쌓는 데 기여한다. 여기에 철저한 정보 수집은 현지 시장과 기회를 분석하고 준비하는 기반이 된다. 그러나 이러한 준비만으로는 부족하다. 열정적으로 자신을 어필하며 기회를 잡으려는 주도적 태도가 중요하다. 결국, 해외파견은 준비된 역량과 열정이 결합될 때 비로소 현실로 이어진다.

MZ세대가 미래를 개척할 때
꼭 기억해야 할 핵심 2가지

|
57

돈이 많으면 좋다는 말에는 부정할 수 없는 진실이 담겨 있다. 돈은 자유를 가져다주고 선택의 폭을 넓혀준다. 나 역시 유학 생활 중 경제적인 어려움을 겪으며 돈의 중요성을 절실히 깨달았다. 그 후 일본 기업에 입사했을 때 회사는 처음 1년간 신입사원의 성장을 위해 정시 퇴근을 보장하고 체계적인 교육을 실시했다. 매달 꼬박꼬박 들어오는 월급과 성과금은 안정적인 환경이 가져다주는 심리적 여유와 가치를 실감하게 했다.

최근 MZ세대를 보면, 재테크와 부업에 열정적으로 매달리는 모습이 인상적이다. 유튜브나 인터넷에서 주식과 투자 방법을 배우며 경제적 자유를 추구하려는 노력이 돋보인다. 하지만 돈을 쉽게 벌 수 있다는 환상에 빠지는 건 경계해야 한다. 주변에 '쉬운 돈벌이'라는 말로 유혹하는 정보나 광고는 많지만, 대부분 과장된 경우가 많다. 돈은 단순히 행운이 아니라, 노력과 가치 창출의 대가로 주어지는 것이다.

MZ들에게 꼭 말해주고 싶은 것은 기본에 충실하라는 것이다. 젊음은 시간이 많다는 점에서 가장 강력한 자산이다. 이 시간을 활용해 자기계발에 투자해야 한다. 전문 지식을 쌓고 외국어를 배우며, 한 분야에서 깊이 있는 역량을 만들어가는 것이 중요하다. 더불어 사람들과 신뢰를 쌓고 관계를 넓히는 데에도 힘써야 한다. 이렇게 기본을 탄탄히 다지지 않고 단지 돈만 좇는다면 장기적으로 더 큰 기회를 놓치게 될 것이다.

겸손한 태도로 배우고 필요한 기초 지식과 기술을 꾸준히 익혀야 한다. 예를 들어, 업무 관련 기본적인 엑셀과 데이터 분석 스킬을 먼저 익히는 것은 직장 내 성과를 내는 데 큰 도움이 된다. 또한, 선배나 상사에게 피드백을 구하고 이를 적극적으로 반영하며 인간관계를 신뢰로 구축해야 한다.

스스로의 한계를 확장하기 위해 새로운 경험에 도전하는 것도 필요하다. 작은 도전부터 시작하자. 새로운 취미를 배우거나 동아리 활동에 참여해 보는 것도 좋은 시작이다. 해외여행 대신 단기 연수나 자원봉사 같은 다양한 경험을 하면서 다른 문화와 관점을 접할 수 있다. 이런 도전은 다양한 환경에서 적응할 수 있는 능력을 길러준다.

막연히 잘 살고 싶다는 생각 대신, 구체적인 목표를 세우고 이를 달성하기 위한 실행 계획을 만들어야 한다. 예를 들어, '1년 내에 영어 회화 실력을 중급 이상으로 올리겠다'는 목표를 세우고 매일 30분씩 회화 연습과 단어 학습을 실천할 수 있다. 꾸준한 실천은 미래의 커다란 성과로 이어진다. 다양한 사람들을 만나서 자신의 인사이트를 넓히는 것도 중요하다. 업계 행사나 세미나에 참석해 새로운 인맥을 만들고, 그들과 꾸준히 소통하라. 동료나 상사와도 신뢰 있는 관계를 유지하며, 언제든 도움을 주고받을 수 있는 네트워크를 구축하는 것이 장기적으로 큰 기회를 가져다줄 수 있다.

내 경험에서도 작은 노력이 당장의 보상으로 이어질 거라 기대하지 않았다. 회사에서 여러 부서를 경험하며 선배와 상사들에게 끊임없이 배웠고 겸손한 태도로 임했다. 작은 성과에 즉각적인 보상을 바라기보다 회사와 나의 성장을 함께 고민했다. 결국 이런 태도가 나를 인정받게 했고 더 큰 기회로 이어졌다.

돈은 좋은 일을 한 결과로 자연스럽게 따라오는 것이다. 개인의 이익을 우선하기보다는 타인의 행복과 회사의 목표를 위해 행동했을 때 더 많은 기회와 성공이 찾아왔다. 돈은 단순한 목표가 아니라, 세상에 가치를 더한 결과로 얻어지는 보상이다. 자신만의 이익을 넘어, 타인과 세상을 위해 어떤 가치를 만들지 고민하고 행동하는 여정이 진정한 성공의 길임을 기억하길 바란다.

🎲 꼰대공식

- 공식: 미래준비 = 업무기본 + 지속학습
- 설명: 불확실한 미래를 대비하려면 업무의 기본을 다지고 지속적으로 학습하는 것이 필수다. 기본기가 신뢰와 성과의 출발점이라면, 꾸준한 학습은 변화에 유연하게 대응하는 힘이 된다. 단기 성과보다 장기적인 자기계발에 집중할 때 성장과 경쟁력을 동시에 높일 수 있다.

삶을 성숙하게 하는
3가지 시련

|

58

직장 생활을 하면서 나에게 큰 영향을 준 멘토, I 임원님을 만나지
못했다면 지금의 나는 없었을지도 모른다. 그는 단순히 업무 스킬을
가르쳐 준 상사가 아니라, 삶의 태도와 방향을 제시해 준 인생의 스승
이었다. 함께 해외 출장을 다니며 자료 작성의 디테일과 철저함을 배
우기도 했지만, 그가 강조한 것은 항상 태도와 마음가짐이었다. 깔끔
한 양복과 진중한 태도로 업무에 임하던 그의 모습은 지금도 선명하
게 떠오른다.

그는 종종 업무 외적인 대화도 즐기며, 연애와 결혼에 관한 조언을
아끼지 않았다. 그중 가장 기억에 남는 말은 "인생에서 누구나 세 가
지 큰 시련을 겪는다"라는 것이었다. 아픈 경험, 큰 병, 그리고 소중한
사람과의 이별이라는 이 시련들은 누구도 피해갈 수 없다. 그는 아픔
을 겪을수록 사람은 성숙해질 수 있다고 말했다. 특히 젊은 세대라면
실연의 아픔도 중요한 성장의 일부라고 강조했다.

요즘 MZ세대를 보면 경제적 부담과 자유를 이유로 연애나 결혼을 기피하기도 한다. 하지만 나는 이들에게 경험이 주는 가치를 이야기하고 싶다. 연애는 단순히 누군가를 사랑하는 것을 넘어, 사람과 관계를 맺고 자신의 내면을 들여다보게 만드는 중요한 과정이다. 나 역시 젊은 시절 연애하면서 크고 작은 실패를 경험했다. 의견 차이로 다투거나 실연의 아픔을 겪으며 힘들어했던 시간들이 있었다. 하지만 그 모든 경험은 나를 더 성숙하게 만들었고, 새로운 관계를 이해할 수 있는 힘을 길러주었다. 실패는 끝이 아니라 성장을 위한 과정이었다. 사랑에는 정답이 없으며, 중요한 것은 두려워하지 않고 도전하는 자세다. 사랑을 어렵게 생각하기보다 자연스럽게 받아들이고 경험으로 쌓아가길 바란다.

나의 결혼은 조금 늦은 편이었다. 그러나 그 기다림 덕분에 나의 꿈을 함께 만들어갈 수 있는 배우자를 만날 수 있었다. 아내는 비즈니스 파트너이자 인생의 동반자로, 지금은 두 딸과 함께 행복한 가정을 이루고 있다. 이런 관계와 경험이 내 인생의 기반을 더욱 단단하게 만들어주었다.

큰 병이라는 경험도 성장의 일부이다. 나는 큰 병을 겪어본 적은 없지만, 이 시련이 왜 중요한지 멘토의 말을 듣고 깊이 생각해 보게 되었다. 큰 병은 자신의 한계를 깨닫고 내면의 힘을 기르는 계기가 될 수 있다. 또한, 삶의 취약함을 실감하며 건강과 시간의 소중함을 다시금 깨닫게 해준다.

마지막으로 소중한 사람과의 이별은 우리에게 삶의 본질을 가르쳐 준다. 내가 가까운 사람과 이별하게 되었을 때는 시간의 유한함과 관계의 소중함을 더욱 느끼게 되었다. 이런 경험은 남은 시간 동안의 관계를 더욱 진실하게 만들어주는 힘이 된다.

MZ세대 역시 이러한 시련을 피해갈 수 없다. 중요한 것은 그것을 어떻게 받아들이고 극복하느냐이다. 삶은 경험을 통해 더 넓어지고 깊어진다. 모든 경험이 결국 당신을 더 나은 방향으로 이끌어줄 것이다.

시련은 피하고 싶은 고통이지만, 시련을 겪으며 우리는 더 단단해지고 삶의 깊이를 더해간다. 실패든, 시련이든 두려워하지 말고 도전하라. 소중한 관계를 잃을까, 아픔이나 실패를 겪을까 두려워하지 않는 태도가 MZ세대를 더 성장시키고 단단한 미래를 만들어갈 것이다.

🎲58 꼰대공식

- 공식: 삶의 성숙 = 아픈 경험 + 큰 병 극복 + 지인사별
- 설명: 삶의 성숙은 단순히 시간이 지나면서 자연스럽게 이루어지지 않는다. 이는 우리가 겪는 아픔과 시련을 어떻게 받아들이고 극복하느냐에 달려 있다. 아픈 경험은 공감 능력과 내면의 성숙을 키워주고, 큰 병을 극복하는 과정은 자신의 한계를 깨닫고 내면의 힘을 기르는 계기가 된다. 지인과의 이별은 삶의 유한함을 깨우치고, 남은 시간을 더 소중히 여기게 만든다. 이러한 경험들은 고통스럽지만, 이 과정을 겪으며 우리는 더 단단해지고 깊은 인생의 통찰을 얻게 된다.

불확실한 미래를 기회로 만드는
사람들의 공통점

|

59

인생은 예측할 수 없는 일들의 연속이다. 어떤 일이 닥칠지 모르기 때문에 오히려 인생은 더 흥미롭다. 불확실성을 두려워하기보다 받아들이고, 그 안에서 자신이 할 수 있는 최선을 다해 도전할 때 인생은 더욱 빛난다. 미래의 가능성을 열어두는 태도야말로 삶의 진정한 힘이라고 믿는다.

내가 걸어온 길을 돌아보면, 불확실했던 미래가 지금의 나를 만들어 주었다. 일본 유학 시절, 경제적으로나 환경적으로 어려운 상황이 많았다. 타지에서의 삶은 언어, 문화, 재정 등 모든 면에서 도전의 연속이었다. 하지만 이 경험은 나를 단단하게 만들었다. 매 순간이 고비였지만, 결국 일본 기업에 입사해 글로벌 비즈니스의 기회를 잡을 수 있었다. 중학교 때 막연히 꿈꿨던 이상보다 훨씬 더 다양한 경험을 하게 되었고, 그 모든 것은 불확실성을 기회로 받아들였기 때문이었다.

삶에서 내가 배운 가장 중요한 두 가지를 나누고 싶다. 첫째는 우연성을 운명처럼 받아들이는 태도다. 인생은 계획대로만 흘러가지 않는다. 예측할 수 없는 상황에서도 열린 마음으로 받아들인다면 그것은 오히려 성장의 기회가 된다. 일본 기업에서 근무했을 때 여러 부서를 이동하며 다양한 업무를 맡아야 했다. 익숙하지 않은 업무를 시작할 때마다 적응하기 어려웠지만 끝까지 해냈다. 그 결과 나는 경영 전반을 이해할 수 있는 통찰력을 얻게 되었고, 지금의 나를 형성하는 중요한 기반이 되었다.

둘째는 어떤 일이든 최선을 다해 해보는 자세다. 잘할 수 없다는 두려움에 처음부터 시도조차 하지 않는다면 배울 기회조차 없어진다. 나는 일본 유학 당시부터 아르바이트와 학업을 병행하며 늘 최선을 다했다. 작은 일이라도 소홀히 하지 않으려 노력했으며, 그 과정에서 스스로를 성장시킬 수 있었다.

우리는 매일 급변하는 환경 속에서 새로운 사람을 만나고, 예기치 못한 일들을 경험한다. 이 과정에서 자신이 가진 것에 불만을 품거나, 부족한 것을 탓하기보다는 지금 주어진 상황에서 배우고 최선을 다하는 자세가 중요하다. 완벽하지 않은 조건에서도 배움의 기회를 찾고, 자신만의 의미를 만들어가는 태도는 삶을 깊이 있게 만들어준다.

우연은 계획되지 않은 채 우리를 찾아오지만, 그 안에는 무궁무진한 성장의 기회가 숨어 있다. 중요한 것은 이러한 기회를 알아보고 적극적으로 받아들이는 용기다. 인생에서 어떤 일이 일어나더라도, 그것을 자신의 성장으로 연결시키는 태도가 바로 내일의 미래를 준비하는 길이다.

MZ세대에게 전하고 싶은 말은 간단하다. 불확실성을 두려워하지 말고, 주어진 상황 속에서 배우고 최선을 다하라. 내가 만난 우연이 내 인생의 중요한 전환점이 되었듯 당신도 그 기회를 찾아 나가길 바란다. 그것이 불확실성을 극복하고 더 나은 미래를 여는 방법이다.

🎲 59 꼰대공식

- 공식: 삶의 기회 = (운명수용 + 강한 용기) + 지속노력
- 설명: 삶의 기회는 우연처럼 보이지만, 결국 그것을 잡는 것은 자신의 태도와 행동에 달려 있다. 운명을 받아들이는 자세는 예기치 않은 상황을 기회로 바꾸는 첫걸음이며, 강한 용기는 불확실한 상황에서도 도전할 수 있는 원동력이 된다. 여기에 지속적인 노력이 더해져야 기회가 현실이 되고, 의미 있는 결과로 이어진다. 변화 속에서도 도전하는 자세가 결국 더 나은 미래를 여는 열쇠가 된다.

우리는 일하면서
성장한다!

|

60

열심히 공부하고 취업해서 회사 생활을 시작했는데 왜 이렇게 힘든 걸까? 일이란 끝이 없고 나와 맞지 않는 것 같으며, 희망도 없다고 느껴질 때가 있다. 상사와의 갈등, 끊임없는 업무 속에서 내가 이 일을 통해 무엇을 얻고 있는지 스스로에게 묻게 된다. 주변에서 "왜 일을 하세요?"라는 질문을 받으면 많은 사람들이 자기계발을 위해서, 혹은 행복한 삶을 위해서라고 대답한다. 그러나 이런 대답은 명확하지 않아서 쉽게 와닿지 않을 때가 많다. 또, 단순히 돈을 벌기 위해서라고 말하는 사람도 있지만, 정말 돈만을 위해 일한다면 얼마나 세상이 삭막하게 보일까? 나는 일을 통해 삶의 의미를 발견할 수 있다고 생각한다. 우리는 성인이 되면 대부분 직업을 가지게 되고, 인생의 절반 이상을 일을 하며 보내게 된다. 만약 일에서 행복감을 느끼지 못한다면 "내 인생은 도대체 무엇인가?"라는 불안과 의문이 들 수밖에 없다. 그래서 일을 왜 해야 하는지 진지하게 생각해 볼 필요가 있다.

한번은 내가 존경하는 I 임원님께 "왜 일을 해야 하나요?"라고 물었던 적이 있다. 평생 영업직에 몸담고 임원 자리까지 오른 그는 "일은 사람을 만나게 하고, 그 만남을 통해 인격을 만드는 과정"이라고 답하셨다. 당시에는 단순히 멋진 말로 들렸지만, 지금 돌이켜 보면 내가 성장할 수 있었던 계기에는 늘 훌륭한 멘토와의 만남이 있었다. 그런 멘토들과 함께 일하면서 나는 나 자신을 더욱 풍요롭게 만들고, 삶의 의미를 찾아왔다.

일본과 미국에서 비즈니스를 하며 일에 관한 두 나라의 가치관이 다르다는 점도 느꼈다. 미국에서는 새로운 사람을 영입하거나 이직하는 경우를 흔히 볼 수 있는데, 그들은 일을 통해 자신의 가치를 높이는 것을 중요하게 생각한다. 그들은 일을 단순히 돈을 버는 것을 넘어, 경험을 쌓고 지식을 얻으며 자신의 삶의 기반을 만들어가는 과정이라고 생각하고 있다. 반면 일본에서는 개인의 성공보다는 공동체와 공익을 중시하며, 일을 통해 스스로를 헌신한다고 생각하는 문화가 강하다. 이런 차이를 보며 나는 일을 통해 자신을 성장시키면서도 공공의 이익에 기여하고, 행복을 찾는 것이 가장 이상적인 삶이 아닐까 생각했다.

주변에서는 가끔 나에게 "비즈니스를 하면서 가장 좋았던 것이 무엇이냐"라고 묻는다. 나는 항상 같은 대답을 한다. "일은 반드시 새로운 인연을 만들어준다." 이것이야말로 내가 얻을 수 있었던 최고의 보물이다. 지금 눈앞에 있는 일이 힘들게 느껴질 수 있다. 하지만 최선을 다해 그 일을 하다 보면 반드시 새로운 인연을 만나게 되고, 그 인연은 일을 단순한 생계 수단이 아니라 나 자신을 성장시키는 기회로 만들어준다. 더 나아가 인연은 삶의 방향을 바꾸거나 더 넓은 세계로 이끌어 줄 것이다. 우리는 힘들어도 서로에게 긍정적인 영향을 줄 수 있는 인연을 찾으며, 일 속에서 새로운 가능성과 가치를 발견해야 한다. 일이 단순한 노동이 아니라 성장과 행복의 연결고리가 될 수 있다면 우리의 삶은 훨씬 더 풍요로워질 것이다.

결국 중요한 것은 우리가 일을 어떻게 대하고, 그 일을 통해 어떻게 행복해질지를 고민하는 것이다. 이런 고민과 함께 열심히 일하면서 문제를 해결하려고 노력하다 보면, 반드시 소중한 인연을, 또 새로운 멘토를 만나게 된다. 여러분이 지금 이 책을 손에 들고 '위대한 꼰대'를 만난 것처럼 말이다.

🎲 꼰대공식

- 공식: 일 = 자기성장 + 소중한 인연
- 설명: 일은 단순한 생계 수단이 아니라 성장과 연결의 기회다. 문제를 해결하고 도전에 맞서며 내면의 힘을 키우는 과정 자체가 가장 큰 보상이다. 또한, 일은 소중한 인연을 만들어준다. 동료와 멘토는 새로운 배움과 도전을 이끌며, 더 넓은 가능성을 열어준다. 결국, 일을 통해 만난 사람들이 우리의 성장을 촉진하고 더 나은 미래로 나아가는 힘이 된다.

왜 통찰력이 신입사원의 성공을 좌우할까?

회사에서 일을 잘한다는 것은 단순히 업무를 빠르게 처리하는 것을 넘어, 문제를 깊이 이해하고 본질을 파악하는 능력이 요구된다. 회사에서 인정받기 위한 중요한 능력 중 하나는 바로 통찰력이다. 통찰력은 문제의 표면이 아니라 본질을 꿰뚫어보고 이를 바탕으로 해결책을 도출하는 능력을 의미한다. 신입사원으로 입사하면 다양한 사람들과 만나고, 부서 간 협업, 매출 관리, 문제 해결 등 여러 업무를 경험하게 되는데 이 모든 과정은 통찰력을 기르기 위한 훈련의 일환이다.

업무를 하면서 상사와 동료의 행동을 관찰하고 그 의도를 파악하며, 발생한 문제의 이유를 분석하는 과정이 매우 중요하다. 분석해 보면서 다음 단계의 해결책을 판단하고 실행할 수 있는 힘을 키울 수 있다. 통찰력은 단순히 열심히 노력한다고 생기는 것이 아니라 관찰과 분석, 적절한 행동을 반복하는 과정에서 서서히 자신의 것이 된다. 따라서 다양한 업무를 해보고 실패도 하면서 실질적인 경험을 쌓아야 한다.

또한 독서, 공부, 그리고 주변 상황을 관찰하며 깊이 있는 지식을 축적해야 한다. 이런 경험과 지식이 반복적으로 쌓이면 통찰력은 자연스럽게 내 것이 된다. 통찰력이 생기면 업무의 흐름과 문제의 본질이 명확히 보여, 문제 해결 또한 더 쉽고 효과적으로 이뤄진다.

우리는 빠르게 변하는 세상에 잘 적응하면서도 많은 것을 잘하고 싶고 빨리 인정받고 싶은 열망이 있기도 하다. 하지만 진정한 성공을 위해서는 먼저 통찰력을 키워야 한다. 통찰력은 단순한 업무 능력을 넘어, MZ세대를 성공으로 이끄는 강력한 무기가 될 것이다. 회사에서 인정받고 성장하고 싶다면, 지금부터 문제의 본질을 꿰뚫어보는 연습을 시작하자.

위대한 꼰대가 알려주는
MZ 직장 생존법

마무리하며: 위대한 도전의 시작

이 책을 읽기 시작할 때의 독자는 불안과 무력감 속에서 자신을 찾고 있었을지도 모른다. 반복되는 일상과 끝없는 혼란 속에서 앞으로 나아갈 방향을 찾지 못해 방황하던 그때의 나처럼 말이다. 그래도 이 책을 펼친 MZ세대라면 열심히 일하면서 성장하길 원하고, 직장 생활을 잘해내고자 하는 마음을 가지고 있을 것이다. 고독하고 힘든 시간을 보내는 MZ들이여, 당신은 혼자가 아니다. 이 책을 통해서 MZ세대가 조금이나마 새로운 꿈을 만들고 행복해지도록 도움을 주고 싶다. 그것이 나의 사명이라고 생각한다. 방황하는 사회 초년생과 직장인을 진심으로 공감하고 위로해 주면서 그들에게 작은 희망을 전하고자 한다.

책 속에서 만난 '위대한 꼰대'는 단순히 직장 생활의 팁을 나누는 조언자가 아니다. 그는 자신의 경험과 통찰을 바탕으로 진심을 담아 이야기한다. 우리가 느끼는 지침과 고독이 누구나 겪는 과정임을 깨닫게 해주고, 그 안에서 성장할 방법을 고민하게 만든다. 위대한 꼰대의 조언과 함께 마음속 깊이 묻혀 있던 도전의 불씨가 다시 타오르길 바란다.

힘든 직장 생활에 마음이 지쳐 방향을 잃었다고 느낄 때, 이 책이 자신만의 길을 찾아가는 계기가 되길 바란다. 대체적으로 불안한 마음이 있는 것은 미래에 대한 준비가 부족하기 때문이다. 불확실한 미래가 두렵다면, 도전이라는 작은 한 걸음을 내딛는 것이 필요하다. 그 불안 속에서도 스스로를 돌아보고 변화를 선택할 수 있는 기회는 반드시 존재한다. 나는 어려움이 있을 때면 어렸을 때의 꿈을 생각한다. 그 꿈이 사라지면 새로운 꿈을 만들고 도전해 왔다. 현실은 도망칠 곳이 아니라 부딪혀야 할 무대다. 현실을 직시하고, 명확한 목표를 세우며, 행동으로 나아가야 한다. 처음에는 두렵고 불확실하게 느껴질지 모르지만, 한 걸음씩 나아가다 보면 큰 변화를 만들어낸 자신을 발견할 수 있을 것이다.

　MZ라는 편견 속에서도 묵묵히 자신의 길을 걷고자 애쓰는 모든 사회 초년생에게, "당신의 여정에 위대한 꼰대가 함께하겠다"라는 말을 전한다. 이제, 새로운 여정을 시작할 때다. 마음속에 간직해 둔 꿈을 행동으로 만들어야 한다. 위대한 꼰대와 함께, 여러분의 위대한 여정을 만들어가자.

부록

꼰대공식

60

완전정복

꼰대공식 체계화 룰

꼰대공식에는 ✕ 곱하기, ➕ 더하기, ( )괄호가 등장한다. 각각의
기호에 대해 이해를 돕고자 설명한다.

✕ 곱하기

✕ 뒤에는 감정적인 요소가 온다.
감정적인 요소는 플러스와 0, 마이너스 3가지로 나뉘며, 반드
시 다른 요소에 영향을 끼친다. 특히 감정적인 요소가 0이 되
면, 곱했을 때 그 값은 0이 되어 공식을 정복할 수 없다. 또, 마
이너스 요소를 곱하면 그 공식의 결과는 반대가 된다.

➕ 더하기

➕ 앞뒤에는 주로 행동적인 요소가 온다.
행동적인 요소는 0과 플러스 2가지로 나뉘며, 마이너스가 되는
요소는 없다. 행동하면 플러스, 행동하지 않으면 0이 되기 때문
이다. 0이 되더라도 다른 요소에는 직접적인 영향을 끼치지 않
는다.

( ) 괄호

공식 내에서 최우선으로 고려되는 요소이다.

꼰대공식카드: 꼰대공식 60 활용 방법

　다양한 나라에서 쌓은 직장 생활 경험으로 만든 꼰대공식을 보기 쉽게 정리했다. 꼰대공식카드를 오려서 활용할 수 있다. 자신에게 필요한 꼰대공식을 눈에 잘 보이는 곳에 붙여두고 매일 확인하면서 꿈을 키워나가자. 예를 들면, 책상 위나 핸드폰 배경에 공식을 두어 언제든지 이루고 싶은 목표를 떠올리며 마음을 다잡을 수 있다. 이러한 공식을 친구나 동료와 공유해 서로 응원하고 격려해 보자. 함께 나누면서 꼰대공식을 더 깊이 이해하고 동기부여도 받을 수 있다.

　꾸준히 실천하고 긍정적인 마인드를 가지면 그 생각이 습관적인 행동으로 자리 잡아 성공적인 미래가 자연스럽게 따라올 것이다. 이 꼰대공식을 직장 생활의 가이드로 삼아 능력을 키우고, 지속적으로 배워 행복하고 의미 있는 인생을 만들어가길 바란다.

1 일의 목적 = 자기계발 + 타인행복

일은 자기계발과 타인행복을 추구하는 중요한 수단이다

3 직업찾기 = 잘하는 것 + 재미있는 것 + 소중한 것

평생직업을 찾으려면 잘하는 일, 재미있는 일, 소중한 일을
정리해 교집합을 찾아야 한다

5 조직성장 = (팀워크 + 행동) × 경영자시점

조직이 성장하려면 강력한 팀워크 속에서 모두가 행동하며,
경영자의 시각으로 추진해야 한다

7 기업성공 = 이타정신 × 책임감

기업의 성공은 이타정신에 책임감이 어우러질 때 이루어진다

9 인정받기 = 좋은 생각 + 보고능력

직장에서 인정받기 위해서는 좋은 생각을
설득력 있게 보고하는 능력이 필요하다

② 천직 = 현재의 일 + (애정 + 꾸준함)

현재의 일을 애정하고 꾸준히 하면 천직으로 만들 수 있다

④ 승진 = 주인의식 × 공감능력

승진은 주인의식과 공감능력을 갖추는 데서 시작된다

⑥ 지도자 = 목표설정 × 바른 생각

지도자는 목표를 설정하고 바른 생각을 하는 사람이다

⑧ 직장성공 = (신념 + 학습 + 윤리) × 바른 생각

직장에서 성공하려면 신념과 학습, 윤리를 바탕으로 한
바른 생각이 조화를 이루어야 한다

⑩ 최고되기 = 작은 행동 + 지속노력

사소한 행동이라도 꾸준히 노력하면 탁월한 성과를 이룰 수 있다

⑪ 자아성장 = 타고난 능력 + (시련경험 + 멘토조언)

타고난 재능보다도 시련을 극복하는 경험과 멘토의 조언이
자아성장의 터닝 포인트가 된다

⑬ 멘토링 = 개인성공 + 조직발전

멘토링은 개인의 성공과 조직의 발전에 기여한다

⑮ 인생변화 = 사람선택 + 환경선택

인생의 전환점은 사람과 환경을 어떻게 선택하느냐에 따라 결정된다

⑰ 직장만족 = 목표추구 + 도움주기

직장만족은 분명한 목표를 세우고
동료와 도움을 주고받는 과정에서 이루어진다

⑲ 상사설득 = (지시준수 + 의견조율) + 타이밍

상사를 설득하려면 지시를 따르고 의견을 조율하며,
적절한 타이밍에 맞춰 보고해야 한다

---

⑫ 인격성장 = (정보 + 환경) + 멘토^2

인격성장은 정보와 환경, 다양한 멘토가 결합되어 이루어진다

---

⑭ 네트워킹 = 직접대화(10%) + 서면기록(90%)

네트워킹은 직접대화보다 서면으로 기록하고 소통하는 것이
더 지속적이고 효율적이다

---

⑯ 통찰능력 = 넓은 교류 + 장점발견 + 공감대화 + 도움제공

통찰능력은 폭넓은 교류, 장점발견, 공감대화,
그리고 도움을 주는 경험에서 길러진다

---

⑱ 신뢰형성 = 정보습득 + 제공하기 + 조언하기 + 관계발전

정보를 습득해 제공하고 적절한 조언을 하면
새로운 인연이 생기고 신뢰가 쌓인다

---

⑳ 팀워크성공 = 기대조율 + 자율인정 + 역할이해 + 적극소통

팀워크는 구성원의 능력과 업무 스타일을 인정하고,
역할을 명확히 하며 소통할 때 성공한다

21 지식완성 = 정보얻기 + 개념이해 + 실천하기 + 지식전달

지식은 정보를 얻고 이해한 뒤 실천하며,
타인을 지도하고 전달하는 경험을 통해 완성된다

23 효율적 성과 = 상사순위 + 업무구분 + 쉬운 업무

조직에서 성과를 내려면 최고 상사의 업무를 우선하고,
혼자 가능한 일과 쉬운 일부터 시작해야 한다

25 보고서평가 = (문제인식 + 해결방안) + 기여도

보고서를 작성할 때는 문제를 명확히 하고 구체적인 해결방안을
제시하면서, 회사에 실질적으로 기여하는 내용을 포함해야 한다

27 메일작성 = (제목명료 + 본문간결) × 배려

이메일의 제목은 명료하게, 본문은 간결하게 작성하고
상대방을 배려하는 마음으로 작성한다

29 발표성과 = (평소작성 + 쉬운 표현) × 자신감

성공적인 발표를 위해서는 평소에 자료를 정리하고,
쉬운 표현으로 자신감 있게 전달해야 한다

22 회사생활 = 상대방입장 + 문제해결

회사생활은 상대방의 입장에서 문제를 이해하고
해결해 나가는 과정의 연속이다

24 업무향상 = (바로 + 빨리) + 계속

업무 효율을 높이려면 주어진 일을 즉시 시작하고
신속하게 처리하는 습관을 계속해야 한다

26 업무승인 = (상사분석 + 사전조율) + (목표 + 계획 + 열정)

회사에서 신속한 승인을 얻기 위해서는 상사를 이해하고 미리 조율하며
목표와 계획, 열정을 담은 내용을 준비해야 한다

28 회의주도 = (사전준비 + 보드기록) + 반복연습

사전에 철저히 준비하고 보드를 활용해 시각적으로 정리하면서
반복적으로 연습하면 실전 회의에서 주도권을 잡을 수 있다

30 조기승진 = 다양한 경험 + 약점극복

다양한 경험을 쌓고 약점을 극복할 때 승진의 가능성이 높아진다

31 **영업성과 = (고민해결 + 행동력) × 자신감**

영업성과는 고객의 고민을 해결하고,
끝까지 포기하지 않고 행동하며, 자신감을 가질 때 만들어진다

---

33 **판매실적 = 절실함 + 끈기**

판매실적은 절실함과 끈기에서 만들어진다

---

35 **전달력 = 쉬운 표현 + 결론제시 + 목적집중**

전달력을 높이려면 쉬운 표현을 사용하고, 결론을 먼저 제시하며,
목적에 집중된 내용이어야 한다

---

37 **고객만족 = (회사 + 제품 + 자기자신) × 자신감**

고객을 만족시키려면 회사, 제품, 자기자신에 대한 자신감이 필요하다

---

39 **돈 = 자유**

돈은 더 많은 자유와 선택을 가능하게 해주는 중요한 수단이다

32 영업정의 = 고민해결 × 행복공유

영업은 고객의 고민을 해결해 주고 행복을 공유하는 과정이다

34 고객창출 = 창의적 접근 + 신뢰구축

창의적인 전략으로 신규 고객에게 접근하고
신뢰를 쌓으면 지속 가능한 고객을 확보할 수 있다

36 꿈이루기 = (목표설정 + 목적설정) + 매일확인

꿈은 목표와 목적을 설정하고 매일매일 확인하면 이뤄진다

38 엘리트업무 = 스피드 + 간결함

사회에서 엘리트가 되려면 간결하면서도
신속한 업무 처리가 필수적이다

40 삶의 풍요 = 돈 × (성실함 × 책임감 × 배려)

삶을 풍요롭게 하려면 돈뿐만 아니라
성실함과 책임감, 배려까지 어우러져야 한다

41 성공가속 = (아침집중 + 자기계발) + 꾸준함

더 나은 성공적인 삶을 위해서는 아침 시간을 활용해
꾸준히 자기계발에 집중해야 한다

43 가치시간 = 사전준비 + 동시행동

바쁜 일상 속에서도 사전준비와 동시행동으로
가치 있는 시간을 만들 수 있다

45 영어대응 = 대본작성 + 용어정리 + 화이트보드

영어 실력이 부족해도 철저한 준비와 화이트보드 활용으로
실전 영어에 자신감을 가질 수 있다

47 효율독서 = 예측읽기 + 선별읽기 + 요약하기 + 적용하기

독서의 효율을 극대화하려면 예측, 선별, 요약, 적용의 네 단계를
효과적으로 활용해야 한다

49 프로정신 = 감사표현 + 신속반응

사회생활에서 프로정신은 감사표현과 신속한 대응에서 드러난다

5화 **꼰대공식**

🔲 창의적 업무 = (집중력 + 외부자극) + 기록실천

업무에 대한 집중, 외부자극, 그리고 기록하는 습관이
창의적 성과를 이끌어낸다

🔲 성장력 = (시간활용 + 효율성) + 지속성

자기 성장은 효율적인 시간활용을 지속함으로써 이루어진다

🔲 업무완성 = 공부하기 + 적용하기

업무완성이란 끊임없이 학습하고
실전에서 적용해 나가는 지속적인 과정이다

🔲 잠재능력 = (독서 + 행동) × 유연성

잠재능력은 독서를 통한 지식, 행동하는 실천력,
그리고 변화에 적응하는 유연성에서 극대화된다

🔲 사회인기본 = (복장 + 이메일) × 태도

사회인의 기본은 복장과 이메일 작성법,
업무에 임하는 태도에서 드러난다

51 인생완성 = 노력 + 경험 + 리더십 + 도전

인생의 완성은 20대의 노력, 30대의 경험,
40대의 리더십, 50대의 도전으로 이루어진다

53 걱정해결 = (분석 + 행동) × 자신감

고민을 해결하려면 현실을 철저히 분석하고,
해결을 위한 행동을 자신 있게 실행해야 한다

55 글로벌인재 = (언어능력 + 전문성) × 인성

글로벌인재는 인성이라는 기반 위에 언어능력과 전문성을 갖춰야 한다

57 미래준비 = 업무기본 + 지속학습

불투명한 미래를 준비하려면 현재 업무의 기본을 다지며
지속적인 학습으로 시작해야 한다

59 삶의 기회 = (운명수용 + 강한 용기) + 지속노력

삶의 기회는 용기 내어 운명을 받아들이고
주어진 상황 속에서 지속적으로 노력할 때 찾아온다

52 목표달성 = (시간 + 노력) × 열정

목표한 결과를 이루려면 시간과 노력에 열정을 쏟아야 한다

54 직업만족 = (목표설정 + 현실인식) + 행동력

직업만족은 목표를 설정하고 현실을 인식하며
적극적으로 행동할 때 얻을 수 있다

56 해외파견 = (언어 + 문화 + 정보) + 열정어필

해외파견을 희망한다면 목표 국가의 언어, 문화, 정보를 익히고
상사에게 열정적으로 어필해야 한다

58 삶의 성숙 = 아픈 경험 + 큰 병 극복 + 지인사별

우리의 인생은 시련, 큰 병, 소중한 이별을 겪을수록 더욱 깊어진다

60 일 = 자기성장 + 소중한 인연

진정한 일은 스스로를 성장시키고 소중한 인연을 맺어준다

위대한 꼰대가 알려주는
MZ 직장 생존법

위대한 꼰대가 알려주는
MZ 직장 생존법

© 최재혁, 2025

1판 1쇄 인쇄_2025년 2월 20일
1판 1쇄 발행_2025년 2월 28일

지은이_최재혁
펴낸이_홍정표

펴낸곳_글로벌콘텐츠
        등록_제25100-2008-000024호

공급처_(주)글로벌콘텐츠출판그룹
        대표_홍정표 이사_김미미 편집_백찬미 강민욱 남혜인 홍명지 권군오
        디자인_가보경 기획·마케팅_이종훈 홍민지
        주소_서울특별시 강동구 풍성로 87-6 전화_02-488-3280 팩스_02-488-3281
        홈페이지_www.gcbook.co.kr 메일_edit@gcbook.co.kr

값 19,000원
ISBN 979-11-5852-518-7 03320